Mit Achtsamkeit zur Gelassenheit

„Alles zu viel…"

Wie du entspannter mit Alltagsstress umgehst, deine Gedanken zur Ruhe bringst und mehr Lebensfreude genießt

Stefanie Lorenz

© Copyright 2021 - Alle Rechte vorbehalten.

Rechtliche Hinweise:

Dieses Buch ist urheberrechtlich geschützt und nur für den persönlichen Gebrauch bestimmt. Ohne die Zustimmung der Autorin oder des Herausgebers darf der Leser keinen Inhalt dieses Buches ändern, verbreiten, verkaufen, verwenden, zitieren oder umschreiben.

Haftungsausschluss:

Die in diesem Dokument enthaltenen Informationen dienen nur zu Bildungs- und Unterhaltungszwecken. Es wurden alle Anstrengungen unternommen, um genaue, aktuelle, zuverlässige und vollständige Informationen zu liefern. Die Leser erkennen an, dass die Autorin keine rechtlichen, finanziellen, medizinischen oder professionellen Ratschläge erteilt. Durch das Lesen dieses Dokuments stimmt der Leser zu, dass die Autorin unter keinen Umständen für direkte oder indirekte Verluste haftet, die durch die Verwendung der in diesem Dokument enthaltenen Informationen entstehen, einschließlich, aber nicht beschränkt auf Fehler, Auslassungen oder Ungenauigkeiten.

Geschenk #1

Zitatesammlung

Gratis-Bonusheft!

Mit dem Kauf dieses Buches hast du ein kostenloses Bonusheft erworben. Dieses steht nur eine begrenzte Zeit zum Download zur Verfügung.

Das Bonusheft beinhaltet eine Sammlung an schönen, motivierenden und auch Mut gebenden kleinen Geschichten und Zitaten. Diese werden dich beim Lesen und auf deinem täglichen Weg zu einem erfüllten Leben begleiten. Sichere dir das Bonusheft noch heute!

Alle Informationen, wie du dir schnell das gratis Bonusheft sichern kannst, findest du am Ende dieses Buches.

Geschenk #2

Entspannung im Alltag

Mit dem Kauf dieses Buches hast du noch ein weiteres Bonusheft erworben.

In diesem Bonusheft findest du verschiedene Entspannungsmethoden, Meditationsideen und Affirmationen, die dich darin unterstützen können, wieder zu dir selbst zu finden. Sichere dir das Bonusheft noch heute!

Alle Informationen, wie du dir schnell das gratis Bonusheft sichern kannst, findest du am Ende dieses Buches.

Inhaltsverzeichnis

Einleitung 1

Achtsamkeit – Ursprung und Hintergrundwissen 5
    Achtsamkeit – was ist das denn jetzt genau? 8
    Die 7 Säulen der Achtsamkeit 13
    Achtsamkeit in der Kritik 19
    Kurze Bestandsaufnahme: Wie achtsam bin ich? 22
    Wirkung einer regelmäßigen Achtsamkeitspraxis 25
    Wie wird eine Achtsamkeitspraxis vermittelt? 29
    Welche achtsamkeitsbasierten Verfahren gibt es? 30
    Grenzen von Achtsamkeit 31

Achtsam mit dir 33
    In Kontakt zu dir selbst treten 33
    Deine Achtsamkeitspraxis 35
    Vorbereitungen für deine Achtsamkeitspraxis 36
    Achtsamer Umgang mit deinem Körper 37
    Achtsames Essen 42
    Achtsam mit deinen Gedanken und Einstellungen 45
    Achtsamkeit bei Krankheit, Trauer und anderen Krisen 53
    Check-in mit dir selbst 58

Achtsames Miteinander mit anderen Menschen 61
    Achtsamkeit in der Familie 64
    Veränderungen für mehr Achtsamkeit im Familienalltag 71
    Achtsamkeit in der Partnerschaft 73
    Achtsamkeitsübungen mit dem Herzensmenschen 79
    Achtsamkeit bei Freundschaften und anderen sozialen Kontakten 82
    Aufgemerkt! 86

Achtsamkeit im Alltag – Arbeit, Haushalt und Co 89
    Bestandsaufnahme – Achtsamkeit am Arbeitsplatz 91
    Struktur und Pausen im Alleingang – Arbeit daheim 94
    Deins und meins 96
    Routinearbeiten – eine Chance 96
    Gewohnheiten 99
    Achtsamkeitsübungen für Stressmomente 100
    Probleme mit der Achtsamkeit im Alltag 104

Abschluss und Ausblick 113

Geschenk #1 – Zitatesammlung 117

Geschenk #2 – Entspannung im Alltag 118

Eine kleine Bitte 119

Quellen und weiterführende Literatur 121

Einleitung

Hallo und herzlich willkommen!
Eine Anleitung zum achtsamen Umgang in vielen Lebensbereichen scheint mittlerweile sowohl in den Printmedien als auch online allgegenwärtig zu sein. Wie Achtsamkeit zu einem glücklichen und erfüllten Leben beiträgt, wird uns von jeder Zeitschrift entgegengerufen. Das Thema Achtsamkeit ist in aller Munde, aber wie sie sich tatsächlich in einem vollen Alltag umsetzen lässt - nicht nur als „Wellnessprodukt" für diejenigen, die sich ohnehin ganz entspannt New-Age-Luxus leisten können und eigentlich gar nicht so viel Stress haben – das wird leider nicht immer thematisiert. Stattdessen kann der Eindruck entstehen, Achtsamkeit würde als Schlagbegriff genutzt, um Dinge schönzureden, Probleme zu verdrängen, dir irgendwelche Kurse oder Produkte zu verkaufen oder dir weiszumachen, du seist durch deine mangelnde Achtsamkeit einfach selbst schuld an allem, was nicht wirklich klappt in deinem Leben.

Dabei ist das Thema weit differenzierter zu betrachten: Achtsamkeit ist keinesfalls ein Hype-Topic, sondern in nahezu allen Kulturen und Religionen seit Jahrhunderten ein fester Begriff. Wenn Achtsamkeit im richtigen Kontext betrachtet und praktiziert wird, ist sie tatsächlich ein unschätzbar wertvolles Werkzeug, dass du für dich nutzen kannst.

Aber ist es denn möglich, auch mit eingeschränkten Möglichkeiten – sowohl finanziell als auch zeitlich – für Achtsamkeit in deinem Alltag zu sorgen, mit all den vielen täglichen Herausforderungen?

In diesem Buch erfährst du aufschlussreiches Hintergrundwissen rund um das Thema Achtsamkeit – wie du sie auf praktische, unkomplizierte Weise einüben und in deinen Alltag integrieren kannst, mit welchen Stolpersteinen zu rechnen sein kann und wie du diese umschiffen kannst.

In den folgenden Kapiteln wirst du dich sowohl mit dem Thema Achtsamkeit im Umgang mit dir selbst als auch im Umgang mit anderen in deinem Alltag auseinandersetzen und erfahren, wie sich die Achtsamkeit zu einer wichtigen Kraftquelle entwickeln lässt. Es werden aber auch die Grenzen der Achtsamkeit aufgezeigt und zudem die Schwierigkeiten, die entstehen können, wenn diese im falschen Kontext praktiziert wird.

Am besten ist es, wenn du die Kapitel dieses Buches nacheinander liest, denn sie bauen teilweise aufeinander auf. Interessiert dich ein Thema ganz besonders, kannst du natürlich auch schon ohne Vorwissen in die hinteren praktisch orientierten Kapitel einsteigen. Wenn du möchtest, lies die Hintergrundinformationen dann einfach etwas später, wenn dein erster Wissensdurst gestillt ist.

In den Kapiteln wirst du anhand von Fragebögen zu kleinen Gedankenexperimenten oder zu Selbstreflexion eingeladen. Halte dafür einen Stift parat, der gut in der Hand liegt und mit dem du gerne schreibst. Ein kleines Heftchen für Notizen kann ebenfalls hilfreich sein.

Und damit kann es schon losgehen!

Bist du bereit?

Dann gönne dir gleich im Hier und Jetzt drei bewusste Atemzüge. Richte dich an deinem Sitzplatz auf, strecke die Wirbelsäule, hebe das Kinn und lege eine Hand auf den Unterbauch, eine Hand auf dein Brustbein und atme ganz entspannt ein und aus. Fühle, wie sich deine Hände bewegen, wenn die Luft in deinen Körper ein- und ausströmt.

Wunderbar, schon hast du Achtsamkeit praktiziert!

Lass uns starten!

Achtung: Wenn du dich in einer schwierigen Phase deines Lebens befindest, kann das Buch eine wertvolle Unterstützung dabei sein, dich durch diese Phase zu begleiten. Es kann allerdings keine Psychotherapie oder andere Form von Behandlung ersetzen. Solltest du merken, dass du an deine Grenzen stößt, scheue dich bitte nicht, deinen Arzt und/oder Therapeuten/Heilpraktiker darauf anzusprechen oder dir über eine andere Stelle, etwa ein Krisentelefon, Unterstützung zu holen. Arbeitest du bereits mit einer Person zusammen, besprich gemeinsam mit dieser, ob und wie dich die Lektüre dieses Buches unterstützen kann.

Achtsamkeit – Ursprung und Hintergrundwissen

Angelika hat kaum die Augen aufgeschlagen, als der erste Griff zum Handy geht. Sie überfliegt die Nachrichten und Social-Media-Plattformen, während sie sich rasch fertig macht, und weckt dann die Kinder. Frühstück vorbereiten, Schulsachen suchen und den Kleinen anziehen – all das läuft parallel, während Paul, der Gatte, eine hektische SMS schickt, dass er von seinem Lehrgang etwas später zurückkommt, da die Sitzung verschoben wurde. Jetzt aber fix, die Kinder müssen los. Ein Anruf, die Schulfreundin von Jana ist krank; deshalb kann Janas Papa die Kinder nicht fahren, auch wenn sie heute dran sind. Dann eben Kindergarten und Schule angesteuert – zu beidem kommt Angelika zu spät, denn das Auto hat Paul und mit dem Rad ist Jana noch nicht so schnell. Dadurch ist auch Angelika jetzt ziemlich spät dran. Sie hastet zu ihrem Büro, holt sich einen Rüffel vom Chef und einen Kaffee aus der Teeküche, und versucht dann den ganzen Tag, ihr Pensum aufzuholen – doch trotz Auslassen der Mittagspause mag es nicht gelingen. Ein Schokoriegel aus der Schreibtischschublade hilft auch nicht gegen das Krampfen im Magen, und als Angelika die Kinder abholt, ist sie gereizt und unfair. „Du bist einfach doof, Mama!" bekommt sie von einer frustrierten Tochter entgegengeschleudert. Und irgendwie sieht Angelika das auch so.

Nachdem die Kinder dann nach einem eher durchwachsenen Resttag im Bett sind, will Angelika endlich entspannen, aber irgendwie ist sie auch zu kaputt, um jetzt noch stundenlang zu meditieren, und für Sport fühlt sie sich auch zu schlapp. Sie kuschelt sich mit einem Glas Rotwein auf die Couch und lässt sich vom Fernseher berieseln. Als sie dann viel zu spät ins Bett geht, fallen ihre Augen zwar zu – aber der Kopf gibt trotzdem keine Ruhe. Das Seltsame ist: Wenn sie jetzt sagen sollte, was sie den ganzen Tag gemacht hat, wüsste sie es gar nicht so genau. Auch wie sie sich fühlt, könnte sie eigentlich nicht beantworten.

Philipp ist immer auf dem Sprung, denn der Tag hat nur 24 Stunden. Er hat aber immer so viel vor: In der Physiotherapiepraxis, in der er arbeitet, herrscht ein unangenehmes Klima. Die Stimmung im Team ist schlecht. Die Chefin spricht zwar stets gebetsmühlenartig von Achtsamkeit, hat aber kein Problem damit, Philipp permanent Druck am Arbeitsplatz zu machen.

Schon seit einigen Monaten schläft Philipp immer schlechter und er kommt kaum zur Ruhe. Wenn er mal eine freie Minute hat und es schafft, nicht an den Job zu denken, versucht er, Wege zu finden, seine Situation zu verbessern. Er möchte sich selbstständig machen, denn eigentlich liebt er seine Arbeit, den Umgang mit den Patienten, die gemeinsamen kleinen Erfolge, das Helfen.

Leider ist er mittlerweile eher hektisch als planvoll, springt von einer Sache zur nächsten, um alles unter einen Hut zu bringen und nimmt sich viel zu viel vor, da er es ja gut machen will. Seine Partnerin meint, er sei zu perfektionistisch und wirft ihm vor, ständig würden seine Gedanken nur um Projekte kreisen. Außerdem würde sie sich langsam Sorgen machen, er wirke so fahrig und abgearbeitet. Aber Philipp möchte eben, dass es ihren Patienten wirklich gut geht - deshalb versucht er die Stimmung in der Praxis aufzufangen und seine Selbstständigkeit möglichst rasch voranzutreiben. Dabei merkt er selbst langsam, dass es ihn körperlich und geistig erschöpft. Er fühlt sich ausgelaugt.

Genau das sollte ihr jedoch als Mann vom Fach ja nicht passieren – schließlich will er ein gutes Vorbild für seine Patienten sein!

Marie fühlt sich schon seit längerem unaufmerksam, nervös und gereizt. Sie kann sich schlecht entspannen und nur schwer bei sich selbst und ihren Bedürfnissen bleiben. Sie hat das Gefühl, sich zwischen allen aufzureiben und doch nie wirklich etwas mitzubekommen oder gut zu machen - und so langsam sieht man ihr den Stress auch körperlich an.

Wenn sie probiert, sich eine Auszeit zu gönnen, fühlt sie sich unter Druck gesetzt und ist in Gedanken schon wieder bei der nächsten Sache. Jetzt hat Gabi, eine Nachbarin, sie direkt darauf angesprochen, dass sie ganz schön mitgenommen aussieht und Marie hat sich ihr nach kurzem Zögern anvertraut. Was darauf kam, war wie ein Schlag ins Gesicht: Gabi hielt eine flammende Rede zum Thema Achtsamkeit und dass Marie sich ja nur mal damit auseinanderzusetzen bräuchte, wenn sie wirklich wollte, dass es ihr besser geht. Ansonsten sei sie vielleicht einfach selbst an der Situation schuld?! Sie (Gabi) hätte das schließlich auch gut integriert mit der Achtsamkeit und nun ginge es ihr sooo viel besser. Damit ließ sie Marie stehen.

Marie musste schlucken und dachte bitter: Klar, wer geerbt hat und keinen Handschlag tun muss, der hat ja auch Zeit und Geld für 5 Wellnessbehandlungen in der Woche, stundenlange Morgenroutinen mit Smoothie, Chanten, Meditation und was weiß ich. Marie hatte auch schon viel von Achtsamkeit gehört und gelesen, aber anders als Gabi und die Instagrammerinnen dieser Welt, hatte sie nicht das nötige Kleingeld, um ständig Retreats, Kurse, Workshops und Meetings zu besuchen. Sie war froh, wenn sie abends mal eine Stunde Zeit für sich fand. Und dann war sie von ihrem Tag so geschlaucht, dass sie keine Kraft mehr für hochkomplizierte Programme hatte. Sie wusste das. Aber zurück blieb trotzdem das nagende Schuldgefühl, sie würde dem Achtsamkeitstraining einfach keine Chance geben und damit selbst für ihre Misere verantwortlich sein.

Hast du dich in einer der drei Geschichten von Angelika, Philipp oder Marie wiedergefunden?

Mach dir innerlich oder auch hier eine kleine Notiz, welche Gedanken und Emotionen in dir aufgestiegen sind, als du die Beispiele gelesen hast. War da ein Erkennen? Ein Hadern? Gefühle von Frustration, Resignation oder Hilflosigkeit?

Achtsamkeit – was ist das denn jetzt genau?

Was bedeutet denn nun überhaupt Achtsamkeit? Handelt es sich dabei nur um einen cleveren Schachzug der Wellnessindustrie oder um einen Trend in den sozialen Medien, der denen vorbehalten ist, die ohnehin genug Freizeit und Geld zur Verfügung zu haben scheinen?

Man könnte fast einen solchen Eindruck bekommen – aber tatsächlich ist Achtsamkeit etwas, das auf eine lange Tradition in den verschiedensten religiösen Strömungen und in der spirituellen Praxis in ganz unterschiedlichen Epochen und Kulturen zurückverweisen kann.

Gebete, Meditation, Bewegungsabläufe und Gedankenschulung durch das Lesen sogenannter erbaulicher Texte und das Trainieren des Geistes im Rahmen einer religiösen oder spirituellen Praxis dienten unter anderem dazu, den Zustand zu erreichen, der heute als Achtsamkeit bekannt ist.

Besonderer Bezug wird heute zu verschiedenen Strömungen des Buddhismus genommen: Bereits vor mehr als 2.000 Jahren thematisierten die buddhistischen Schriften die Wichtigkeit eines achtsamen Umganges mit den eigenen Gedanken, Worten und Taten. Ein unachtsamer Geist, im Buddhismus auch *unreiner Geist* genannt, kann zu Leiden führen – etwa dann, wenn wir das, was wir erleben, nicht wollen und versuchen, dieses Erleben zu vermeiden. Wenn wir uns nach etwas anderem sehnen, als gerade da ist, wir in der Vergangenheit oder der Zukunft leben, wir anderen etwas neiden oder bestimmten Erlebnissen oder Gefühlen hinterherjagen.

Auch in der buddhistischen Achtsamkeitspraxis geht es um das Vermeiden von Leiden. Als ein wichtiger Bestandteil der buddhistischen Praxis nimmt deshalb das Erlernen und Kultivieren von Achtsamkeit eine prominente Position ein und wird in mehreren Reden und zahlreichen Schriften thematisiert, da es als ein wichtiger Schlüssel zur Vermeidung von Leid angesehen wird. Hier ist mit der Vermeidung von Leid jedoch nicht gemeint, dass unangenehmen Erfahrungen aus dem Weg gegangen oder mit Verdrängung gearbeitet wird, sondern dass diese als Teil des Lebens mit einer wohlwollenden Akzeptanz angenommen werden, ohne sich darin zu verlieren.

Diese Form von Achtsamkeit wird durch verschiedene Übungen (wie bewusstes Ein- und Ausatmen oder die Sitz- und Geh-Meditation) trainiert, um aus dem Leben als reaktiver Mensch einen Zustand zu erreichen, in dem Umstände angenommen werden können, wie sie sind, der Geist zur Ruhe finden kann und die Person im Hier und Jetzt ankommt und somit präsent an ihrem Leben teilhaben kann.

Neue Erkenntnisse rund um das Thema kamen in den 1970ern auf, als die Achtsamkeitspraxis in den Fokus von Medizinern und Therapeuten rückte und deren Auswirkungen und Möglichkeiten wissenschaftlich erforscht wurden. Besonders populär sind in diesem Rahmen die Arbeiten des US-amerikanischen Professors für Molekularbiologie Jon Kabat-Zinn, der in Massachusetts in seiner Stress Reduction Clinic mit der Mindful-Based-Stress-Reduction, kurz MBSR, eine Achtsamkeitspraxis im universitären Rahmen entwickelte, die als Unterstützung bei der Behandlung von Schmerzpatienten genutzt werden sollte.

Später besuchten auch anderweitig psychisch und physisch erkrankte Menschen das Zentrum, um MBSR, also die achtsamkeitsbasierte Stressreduktion, zu erlernen. Dieser Ansatz verbindet verschiedene Elemente der Achtsamkeitspraxis, wie Yoga und Meditation, und wurde wissenschaftlich erforscht. Aufgrund der nachweislichen Erfolge der Methode auf die psychische und physische Gesundheit wird sie nun weltweit gelehrt und findet in vielen US-amerikanischen Kliniken bei der Therapie von Patienten Anwendung.

Kabat-Zinn ist es auch, der eine der bekanntesten Definitionen des Begriffes Achtsamkeit in der westlichen Kulturwelt etabliert hat. Nach seiner Aussage handelt es sich bei Achtsamkeit um eine Form des Seins, eine Ausrichtung der Aufmerksamkeit, die zeitgleich keine Wertung vornimmt, sich auf den aktuellen Moment im Hier und Jetzt bezieht und absichtsvoll ist. Die Konzentration grenzt Kabat-Zinn dabei bewusst von der Achtsamkeit ab. Er weist darauf hin, dass er unter dem Begriff Achtsamkeit keinesfalls nur eine Technik versteht, sondern einen aktiven Zustand des eigenen Seins.

Darüber hinaus gibt es noch andere Definitionen, etwa von dem Psychologen und Psychoanalysten Scott R. Bishop der University of Toronto oder Kirk Warren *Brown u*nd Richard M. *Ryan vom* Department of Clinical and Social Sciences in Psychology der University of Rochester.

Scott R. Bishop lenkt das Verständnis von Achtsamkeit auf eine sogenannte Selbstregulation der Aufmerksamkeit und einer bestimmten Einstellung gegenüber dem Erlebten, die durch Akzeptanz, Offenheit und eine gewisse Neugier geprägt sein soll. Bishop geht davon aus, dass Achtsamkeit wie andere Skills erlernt und trainiert werden kann, wobei dies am Erleben praktiziert wird und weniger ein Akt von bewusstem Durchdenken ist.

Ryan und Brown stützen sich bei ihrer Begriffsdefinition auf verschiedene Ansätze diverser buddhistischer Traditionen und legen ihr Augenmerk auf eine Bewusstseinsklarheit, die an der Gegenwart orientiert ist, eine gewisse Form der Stabilität aufweist und einen klaren Bezug zur aktuellen Realität aufweist.

Die Definitionen unterscheiden sich also teilweise voneinander, aber im Zentrum stehen immer das Bewusstsein und die gerichtete Aufmerksamkeit. Es soll versucht werden, innere und äußere Prozesse wirklich wahrzunehmen, während sie passieren und somit im Hier und Jetzt zu verbleiben, anstatt sich gedanklich in die Vergangenheit oder die Zukunft zu begeben und eine Wertung abzugeben. Das mag auf den ersten Blick vielleicht total unspektakulär, ja fast banal klingen, doch jeder von uns weiß, wie schwer es sein kann, bei einer Sache zu bleiben und sich nicht in Gedanken oder äußeren Ablenkungen zu verlieren.

Ein zentrales Schlüsselelement ist auch, dass es sich bei der Achtsamkeit nicht um einen reinen Zustand von Konzentration auf eine bestimmte Sache handelt. Vielmehr soll ein Zustand geschaffen werden, der auch die emotionale und soziale Welt der ausübenden Person umfasst. Von Moment zu Moment werden Gefühle, körperliche Regungen, Ideen, Gedankenprozesse, Affekte und Eindrücke wahrgenommen – die Kunst dabei ist, nicht direkt auf diese Eindrücke zu reagieren, sondern ihnen stetig nicht wertend gegenüberzustehen.

Mitunter wird in diesem Zusammenhang auch der Ausdruck *leidenschaftsloses Bewusstsein* genutzt. Das bedeutet nicht, dass ein achtsamer Mensch keine emotionalen Regungen mehr hat und als eiskalter Klotz alles an sich abprallen lässt. Es geht vielmehr darum, dass er seine Emotionen wahrnimmt und diese akzeptiert, anstatt sich an den als gut bewerteten Gefühlen festzuklammern und die negativen von sich wegzuschieben.

Marie aus unserem dritten Beispiel hatte nach dem Gespräch mit ihrer Nachbarin Gabi das Gefühl, dass sie irgendwie selbst schuld daran sein, dass Achtsamkeit in ihrem Leben bisher keinen großen Raum bekommen hatte. Sie konnte aber gar nicht richtig benennen, welche Gefühle da in ihr auftauchten. Zudem wollte sie diese ohnehin nicht in sich spüren, sondern versuchte, sie zu unterdrücken und weit von sich wegzuschieben. Durch diese Gegenbewegung wurde allerdings der Fokus auf diese Stimmung gelenkt und mit der Abwehrhaltung waren Anspannung und Stress verbunden.

Wenn Achtsamkeit zelebriert wird, wird jede Geisteshaltung und Emotion als solche bemerkt und akzeptiert, allerdings nicht bewertet, katastrophisiert oder favorisiert. Stattdessen wird angestrebt, eine Einstellung von freundlicher Offenheit und Toleranz zu entwickeln, ebenso wie Mitgefühl und Geduld. Zudem soll versucht werden, sich nicht mit den Gefühlen, Affekten oder Empfindungen zu identifizieren.

Marie ist also nicht schuld. Sie fühlt Schuld und könnte dieses Gefühl benennen. Dadurch schafft sie eine bewusste Distanz, die ihr erlaubt, nicht direkt reagieren zu müssen. Das typische Reiz-Reaktions-Schema – ich fühle etwas und lasse meine Standardreaktion abspielen – wird so unterbrochen.

Bei Philipp aus unserem zweiten Beispiel wäre das beispielsweise das Thema Schlaf. Wenn er die Schlaflosigkeit bemerkt, wäre eine typische Reaktion: „Ich kann nicht einschlafen. Das ist so schlimm. Wieso kann ich nicht zur Ruhe kommen? Liegt es wirklich daran, dass ich so perfektionistisch bin? Was ist, wenn ich morgen bei der Arbeit nicht ausgeschlafen bin? Kann ich so überhaupt jemals gesund sein?" Er bewertet, verliert sich in Zukunftsfantasien und hebt so seinen Stresspegel, der ihm das Einschlafen noch zusätzlich erschweren wird.

Durch das regelmäßige Üben von Achtsamkeit können wir lernen, geistige Zustände, Emotionen und körperliche Prozesse wahrzunehmen und auch klar zu deuten, ohne dass wir uns in diesen verlieren oder sie über uns hereinbrechen, sie uns kontrollieren und vollkommen vereinnahmen. Wir können lernen, auch unangenehme Erfahrungen hinzunehmen, ohne gegen sie anzukämpfen oder an ihnen zu verzweifeln. Stattdessen liegt der Fokus beim Üben dauerhaft darauf, eine offene und freundliche, zugewandte Haltung einzunehmen und sich nicht für das, was gerade ist, zu verurteilen oder gar zu beschimpfen.

Je öfter wir Achtsamkeit üben, desto leichter wird uns die freundliche Haltung fallen, bei der wir uns ergebnisoffen in die Situation begeben. Wir können so auch leichter im Hier und Jetzt verbleiben und verhindern, dass wir uns in negativen oder positiven Tagträumen verlieren und nichts von unserem Leben im Moment mitbekommen.

Natürlich kann es sein, dass uns ein unangenehmes Gespräch im Kopf herumspukt oder wir innerlich eine Diskussion mit der Teenietochter führen, die uns am Abend bevorsteht. Angelika fürchtet sich abends schon vor den Streitgesprächen mit den Kids beim Anziehen am nächsten Morgen und Philipp schmerzt der Magen, wenn er an den hässlichen Tratsch im Kollegium denkt. Bei beiden Situationen handelt es sich nur um Gedanken an etwas, dass so noch nicht mal eingetreten ist, aber es hat bereits reale Auswirkungen auf das körperliche und seelische Wohlbefinden der beiden.

Praktizieren wir Achtsamkeit, können wir mit etwas Übung lernen, diese Vorstellungsbilder als solche zu erkennen, sie nicht so drastisch auf uns wirken zu lassen und gelassener – eben nicht wertend oder leidenschaftslos – in Situationen hineinzugehen und diese zu durchleben.

Die 7 Säulen der Achtsamkeit

Bekannt sind die sogenannten 7 Säulen der Achtsamkeit, die zu dem erwünschten bewussten Zustand des Seins führen sollen und mit denen man sich dem Konzept vielleicht leichter nähern kann als mit einer einfachen Begriffsdefinition. Die Säulen werden als Haltungen oder Einstellungen verstanden, die du während deiner Achtsamkeitspraxis erlernen und einnehmen wirst, um so zu einer achtsamen Gesamteinstellung zu gelangen.

Als die sieben Säulen werden häufig genannt:

- Das Nicht-Urteilen
- Die Geduld
- Der Anfängergeist
- Das Loslassen
- Der Verzicht auf Zwang
- Das Vertrauen
- Die Akzeptanz

→ Das Nicht-Urteilen

Das Nicht-Urteilen ist ein ganz wichtiger Teil der achtsamen Haltung, der dich sehr gut darin unterstützen kann, aus Gedankenspiralen auszusteigen und Angstkreisläufe zu unterbrechen. Bemerkst du beispielsweise, dass du Angst vor einer Sache hast, macht dir vielleicht der Gedanke an Angst bereits Angst. Zur gleichen Zeit findest du es albern, dass du überhaupt Angst hast und überhaupt willst du diese Emotion nicht haben. Bemerkst du, dass du dich dafür verurteilst, ist das ein hilfreicher erster Schritt, denn oft ist uns gar nicht klar, wie rasch der innere Kritiker anspringt und uns bewertet.

Wichtig ist dann, sich nicht für das Bewerten zu verurteilen, sondern es als solches zu erkennen und davon zurückzutreten. Als erster Schritt kann es helfen, dass du einfach nur benennst, was du fühlst, etwa „Ich fühle Angst."

→ Die Geduld

Geduld ist etwas, das wir bei der Achtsamkeitspraxis üben können und unbedingt Teil eines achtsamen Umganges mit uns und unserer Umwelt ausmacht. Die Geduld kann dabei sowohl unsere Achtsamkeitspraxis an sich betreffen als auch unsere Innenwelt im Alltag. Greifen wir das Beispiel mit der Angst auf: Es kann sein, dass du eine Atemübung machst, um dich zu zentrieren. Die Angst lässt aber noch nicht nach. Du wirst ungeduldig. Schließlich machst du alles, um ruhig zu bleiben und meditieren tust du auch schon eine Weile und überhaupt. Diese Ungeduld erzeugt Druck, den du durch eine achtsame, geduldige Haltung aufheben kannst. Es dauert so lange wie es dauert und von Moment zu Moment versuchst du, dir in deiner aktuellen Verfassung etwas Gutes zu tun und so gut wie möglich für dich zu sorgen. Durch diese Einstellung kannst du davon ablassen, etwas erzwingen zu wollen, was du nicht kontrollieren kannst. Du kannst auf etwas hinarbeiten, dir guttun und dir die nötige Zeit lassen, die du brauchst.

→ Der Anfängergeist

Der Anfängergeist hilft uns, nicht in den Autopiloten-Modus zu verfallen und unsere Aufmerksamkeit wachzuhalten. Unser Leben ist erfüllt von entlastenden Routinen, die uns guttun, aber sie können auch dazu verführen, dass wir alles zu wissen glauben und uns so um neue Erfahrungen und Erkenntnisse bringen oder immer in alten Verhaltensmustern bleiben.

Spürst du beispielsweise die Angst, kann es sein, dass sich innerlich schon ein kleiner Zukunftsfilm bei dir abspielt: „Gleich bekomme ich Herzrasen und stottere wieder so doof und dann kommen die Spannungskopfschmerzen, da verbaue ich doch gleich die Präsentation und heute Abend habe ich bestimmt schlechte Laune, wie erkläre ich das nur der Familie!" Nicht selten läuft dann in solchen Fällen nach bestem Schema F das Prinzip der selbsterfüllenden Prophezeiung. Wir erwarten Herzklopfen, bauen Angst auf, bekommen Herzklopfen, fühlen uns bestätigt, verkrampfen, bekommen Kopfschmerzen und so weiter.

Was ist, wenn wir es einfach auf uns zukommen lassen, was passiert? Wenn wir nicht davon ausgehen, wir wüssten alles? Niemand von uns kann in eine Glaskugel schauen und die Zukunft voraussehen. Also ist es doch durchaus möglich, offen und mit einer gewissen Neugierde an Situationen heranzugehen. Was wird passieren? Wie werde ich reagieren? Wie kann ich mir dann Gutes tun?

Gute Lehrmeister in Sachen Anfängergeist sind kleine Kinder, die mit offenem Interesse an alles herantreten, ganz ohne voreingenommen zu sein. Es ist zudem unheimlich befreiend, wenn du dir erlaubst, dazulernen zu dürfen und nicht alles schon wissen und können zu müssen.

→ Das Loslassen

Loslassen ist ebenfalls ein essenzieller Bestandteil einer Achtsamkeitspraxis. Wie schwer das Loslassen ist, wissen wohl alle unter uns, die abends nicht abschalten können – denn das abendliche Zubettgehen ist ein sehr deutliches Loslassen vom Tag. Aber auch Streitgespräche aus dem letzten Meeting oder die peinliche Tanzveranstaltung aus der Oberstufe, die uns bis heute verfolgen, sind Anzeichen dafür, dass wir uns mit dem Loslassen schwertun. Geschehenes ist geschehen und durch das gedankliche Umwälzen ändern wir nichts mehr daran. Wir belasten uns nur.

Auch das Festhalten an positiven Dingen aus der Vergangenheit ist nicht unbedingt befriedigend, weil es sein kann, dass wir darüber vergessen, die Möglichkeiten im Hier und Jetzt wahrzunehmen. In der Achtsamkeitspraxis lernen wir beispielsweise beim Meditieren sehr gut, wie schwer, aber auch wie befreiend das Loslassen sein kann. Wenn Gedanken auftauchen, müssen wir uns nicht in ihnen verbeißen. Wir können sie erkennen, hinnehmen und wieder ziehen lassen.

Je mehr wir dies üben, desto leichter wird es uns fallen, uns nicht an Vergangenem festzuklammern und zu akzeptieren, dass das Leben immerzu auch Veränderungen mit sich bringt. Dadurch bekommt unser Dasein eine gewisse Leichtigkeit und somit eine positive und bejahende Qualität, die es uns möglich macht, im Fluss zu bleiben.

→ Der Verzicht auf Zwang

Oftmals erwarten wir, dass das, was wir tun, sagen, machen, ein bestimmtes Ergebnis haben soll. Wir wollen, dass die Situation jetzt so und so sein soll. Wenn sich das nicht bewahrheitet, sind wir enttäuscht, frustriert oder verlieren sogar die Hoffnung.

Nicht selten führt es auch dazu, dass wir das, was wir uns vorgestellt haben, regelrecht erzwingen wollen und dafür alle Hebel in Bewegung setzen, wenn wir bemerken, dass sich etwas in eine andere Richtung entwickelt.

Das kann uns auch auf dem Meditationskissen passieren. Wir üben uns in Achtsamkeit und meditieren hier jetzt schon zig Minuten – da müssten wir uns doch langsam mal ruhiger fühlen, oder? Schon ist der Zwang da, der uns daran hindert, das, was ist, einfach anzunehmen und zu entdecken, was noch kommen wird. Frei nach dem Motto „Das Gras wächst nicht schneller, wenn wir daran ziehen" dürfen wir uns darauf verlassen, dass manche Dinge ihre Zeit brauchen. Das bedeutet nicht, dass wir die Hände in den Schoß legen und unser Leben einfach passieren lassen – es bedeutet aber auch nicht, dass wir Dinge erzwingen wollen, deren Zeit noch nicht reif ist oder dass wir probieren, Druck auf uns oder andere auszuüben, um etwas zu erreichen.

Gib dir und den Dingen die Möglichkeit, zu passieren – ganz frei von Zwang. Diese Säule ist eng mit der Geduld verknüpft und kann uns ziemlich herausfordern – insbesondere dann, wenn wir sehr leistungsorientiert erzogen worden sind und wir gelernt haben, dass es uns nur gut gehen darf, wenn wir hart dafür gearbeitet haben. Durch ergebnisoffenes Meditieren kannst du einüben, das, was kommt, kommen zu lassen, anstatt mit aller Macht Entspannung oder Ruhe zu erzwingen – und den Verzicht auf Zwang dann auch außerhalb deines Meditationskissens in die Tat umsetzen.

→ Das Vertrauen

Die übrigen Säulen setzen eine gewisse Form des Vertrauens voraus. Ein Vertrauen, dass das, was kommt, von dir lebbar ist, dass du okay bist, dass du dir vertrauen kannst. Oftmals haben wir aber nicht nur den Kontakt zu unserem Körper, sondern auch zu unserer inneren Stimme verloren. Glaubenssätze unserer Eltern mischen sich mit aktuellen Trends und Meinungen der Gesellschaft – die eigene Position dann klar zu erkennen und zu benennen, fällt schwer. Auch das Zutrauen in die eigenen Stärken oder das Anerkennen von eigenen Grenzen kann dann schwierig sein.

Bei der Achtsamkeitspraxis können wir lernen, wieder in Kontakt mit uns selbst zu kommen und so ein Vertrauen in die eigenen Fähigkeiten, Fertigkeiten und Meinungen aufzubauen. Du lernst, wo deine persönlichen Grenzen liegen, was für dich machbar ist und was dir guttut. So kommst du wieder ganz bei dir selbst an und kannst auf dein Bauchgefühl bauen, anstatt dich zwischen all den Empfehlungen anderer aufzureiben. Du kannst eine besondere Form der Kraft aus dir selbst heraus schöpfen, weil du dein Heimathafen bist, auf den du immer setzen kannst.

Dadurch erfährst du eine neue Form der Unabhängigkeit, die sich auch sehr günstig auf Beziehungen auswirken kann. Auch wird dir dieses Vertrauen helfen, unnötige Gedankenschlaufen zu unterbrechen, wenn du dich nicht entscheiden kannst – da du dir und deinem Gefühl vertrauen darfst. Sowohl bei der Yoga-Praxis als auch in der Meditation kannst du Vertrauen in deinen Körper und Geist aufbauen und dieses Vertrauen dann auch im Alltagsleben weiterentwickeln.

→ Die Akzeptanz

Die Akzeptanz von dem, was ist, ist für viele von uns eine Herausforderung, denn als Menschen sind wir darauf gepolt, Unangenehmes mit aller Macht von uns fernzuhalten und Angenehmes behalten zu wollen. Akzeptanz im Rahmen der Achtsamkeit bedeutet nicht, dass wir alles toll finden oder passiv hinnehmen, was um uns herum und in uns passiert, aber wir akzeptieren es als gegeben. Weder versuchen wir es zu verdrängen noch es umzuwerten oder uns selbst zu beschummeln. Wir nehmen Tatsachen einfach als gegeben hin.

Es ist, wie es ist. Wenn sein darf, was gerade ist, auch wenn es sich mitunter nicht angenehm anfühlt, dann nimmt das viel Druck aus unserem Erleben.

Gehe gedanklich noch mal zurück zu dem Einschlafbeispiel von Philipp. Wenn er sich gegen das wehrt, was er in der Nacht erlebt – nämlich seine Einschlafprobleme – dann lenkt er massiv den Fokus darauf und wendet viel Kraft für das Problem auf. Wenn er stattdessen versucht, sich in Akzeptanz zu üben und darüber hinaus aber wieder gedanklich zu etwas zurückzukehren, was ihm in der Situation wohltut, dann kann er seine Energie ganz anders kanalisieren und für sich nutzen.

Oftmals bereiten uns gerade die inneren Widerstände, das Nichtwahrhabenwollen, zusätzliche Last, die sich auch körperlich durch Spannungskopfschmerzen oder einen verspannten Rücken zeigen können. Machen wir uns durch eine akzeptierende Haltung davon frei, haben wir mehr Raum, um uns Gutes zu tun und uns um uns zu kümmern, anstatt gegen etwas anzukämpfen, das wir höchstwahrscheinlich sowieso nicht mehr abändern können. Die

Last nimmt ab und wir können unsere Kräfte dafür einsetzen, mit dem umzugehen, was tatsächlich gerade passiert, anstatt uns energieräuberisch in etwas hineinzusteigern.

Du erkennst vielleicht beim Lesen schon, dass viele der Säulen ineinandergreifen und du beim Üben der einzelnen Haltungen unwillkürlich auch andere mit üben wirst. Insgesamt kann so ein inneres Haltungs- und Glaubensmuster entstehen, das es dir leicht macht, eine achtsame Haltung dauerhaft in deinem Alltag zu leben und nicht nur bei speziellen Übungen in deiner Achtsamkeitspraxis.

Mitunter werden übrigens auch noch Großzügigkeit und Dankbarkeit als Säulen oder Grundhaltungen der Achtsamkeit aufgezählt. Eine dankbare Haltung sorgt für eine wertschätzende und offene Sichtweise, die den Anfängergeist und das Akzeptieren leichter machen, ebenso wie den Aspekt des Loslassens. Großzügigkeit gegenüber anderen, aber auch gegenüber sich selbst, kann ebenfalls dabei helfen, da wir Fehler leichter verzeihen, verständiger mit uns und anderen sind und ein Leben in gemeinsamer Verbundenheit und Fülle möglich machen.

Achtsamkeit in der Kritik

Wenn du dich schon mal mit dem Thema befasst hast, wird dir aufgefallen sein, dass parallel zum Hype rund um die Achtsamkeit auch skeptische Stimmen laut geworden sind, die der Achtsamkeit zum einen ihre Wirksamkeit absprechen und sie als esoterischen Klimbim abtun. Zum anderen gibt es auch Kritik, dass die Achtsamkeitspraxis ihr eigentliches Ziel vielfach aus den Augen verloren hat und nun eher eine „dunkle Seite der Achtsamkeit" vorherrscht. Diese Kritik betrifft in der Regel nicht die Achtsamkeit als Konzept, sondern eher den Umgang damit in der heutigen Zeit.

Skeptisch betrachtet wird beispielsweise, wenn die Achtsamkeit losgelöst von dem damit verbundenen Gedankengut allein dazu genutzt werden soll, um besser zu funktionieren – sozusagen als Technik zur Selbstoptimierung. Wie du bereits erfahren hast, kann Achtsamkeit tatsächlich dazu beitragen, eine Leistungssteigerung zu erzielen, weil du konzentrierter arbeiten kannst und auch deine Belastbarkeit kann steigen, wenn deine Energie nicht durch zu viel andere Dinge in Anspruch genommen wird.

Auch wenn dieser Effekt natürlich sehr schön ist und dein Arbeiten leichter macht, sollen die dadurch entstehenden Freiräume nicht direkt mit neuer Arbeit gefüllt werden, frei nach dem Motto „Immer höher, immer weiter." Insbesondere im betrieblichen Rahmen werden entsprechende Fortbildungen gerne dazu genutzt, um die Mitarbeitenden belastbarer zu machen. Widersprechen sie dann, wird gerne darauf verwiesen, dass sie doch jetzt die entsprechenden Kompetenzen hätten, um mit dem erhöhten Stresslevel klarzukommen und wenn sie dies nicht können, sei das eben ein Anreiz dafür, die Achtsamkeitspraxis noch zu intensivieren.

So ist Achtsamkeit allerdings nicht gedacht. Stattdessen unterstützt dich ein achtsames Arbeiten beim Bewältigen deines üblichen Aufgabenpensums und das in einem Maße, sodass du auch danach noch Kraft und Ruhe für andere Dinge in deinem Leben hast.

Kritisch wird es auch, wenn Menschen Achtsamkeit dazu nutzen, um mit negativen Verhaltensmustern dauerhaft zurechtzukommen, anstatt an ihnen zu arbeiten. Natürlich ist Achtsamkeit ein gutes Werkzeug, um mit schwierigen Situationen umzugehen, insbesondere dann, wenn diese unausweichlich sind. Sie darf aber nicht als Ausrede fungieren, die genutzt wird, um sich einer Konfrontation nicht stellen zu müssen, Ungerechtigkeit nicht die Stirn bieten zu müssen oder sich aus einer unangenehmen Lage zu befreien.

Nur weil man achtsam mit einer Situation umgehen kann, bedeutet das nicht, dass man in der Situation verbleiben muss. Wir haben immer noch die Verantwortung für uns und unser Wohlbefinden in der Hand und müssen hin und wieder in den sauren

Apfel beißen und unseren inneren Schweinehund überwinden, um unsere Gesamtsituation zu verbessern.

Achtsamkeit als Mittel, um sich über andere zu erheben, ist ebenfalls ein Trend, der mit Skepsis betrachtet wird. Achtsamkeit geschieht ohne Wettbewerb. Es geht nicht darum, wer mehr in sich ruht, wer mehr Achtsamkeitskurse besucht hat, wer am längsten meditieren kann. Mitunter kann ein Gespräch unter Gleichgesinnten aber zu einem regelrechten Kräftemessen ausarten, bei dem beide sich zu übertrumpfen versuchen. Auch Social Media befeuert dieses Vergleichen, bei dem man selten so gut abschneidet, wie die Influencer mit ihren Hochglanzbildchen.

Dabei sollte nie aus den Augen verloren werden, dass Achtsamkeit für jede Person etwas Individuelles ist und man nur selbst als Referenzpunkt dienen kann – schließlich bringt jeder von uns andere Voraussetzungen mit, wenn er/sie sich auf die Reise zur Achtsamkeit begibt. Es geht nicht darum, besser als jemand anderes zu sein und Personen, die achtsam im Umgang mit anderen sind, werden wohl auch kaum ein Interesse daran haben, ihr Umfeld herabzuwürdigen, nur weil es nicht so „erleuchtet" ist wie sie selbst.

Lass dich nicht davon einschüchtern, wenn jemand über seine Praxis prahlt oder ein teures Seminar nach dem anderen besucht. Hier wären wir bei einer weiteren dunklen Seite der Achtsamkeit: Achtsamkeit als Markt. Mindfulness ist ein Trendwort, Achtsamkeit prangt als Signal auf Tees, Badezusätzen, Smoothies, Zeitschriftencovern und diversen Produkten zum Entspannen und Relaxen. Die Wellnessindustrie ist groß und gewitzt und hat das Interesse der Menschen daran, zu sich selbst zu kommen, aufgegriffen und für sich genutzt, um Verkäufe anzukurbeln.

Du brauchst aber keine speziellen Mindfulness-Tees oder Gewürzmischungen, um eine Achtsamkeitspraxis zu beginnen und musst auch nicht 20.000 teure Retreats und Seminare besuchen.

Deine Praxis ist wertvoll und sinnvoll - auch ohne Zertifikat einer Wellnessschule oder der Absegnung eines Online-Instructors.

Natürlich ist es schön, wenn du in einer Gruppe arbeiten kannst oder planst, an einem klassischen MBSR-Kurs von 8 Wochen teilzunehmen - wenn du möchtest und die Mittel dazu hast.

Doch eine Voraussetzung oder Notwendigkeit, um achtsam leben zu können, ist es nicht!

Achtsamkeit ist etwas, das in dir entsteht – und kein Kurs, kein Tee und kein Retreat kann dir diese innere Arbeit abnehmen. Achtsamkeit lässt sich nicht kaufen!

Das ist auf der einen Seite vielleicht etwas ernüchternd, auf der anderen aber umso ermutigender: Du hast es in der Hand! Du kannst etwas in deinem Leben verändern. Gerne mit Unterstützung, klar! Aber weder kann man sich Achtsamkeit kaufen, noch garantiert einem die Teilnahme an zig Veranstaltungen und Workshops, dass sich eine feste Achtsamkeitspraxis etabliert.

Dies liegt allein an dir und deiner Bereitschaft, für dich und deine Wünsche einzustehen und dein Leben entsprechend zu verändern!

Kurze Bestandsaufnahme: Wie achtsam bin ich?

Im Folgenden nimm dir bitte einmal einen kurzen Moment für eine bewusste Bestandsaufnahme. Sicherlich ahnst du schon, dass es Bereiche in deinem Leben gibt, in denen dir die Achtsamkeit fehlt – aber wo ist dies genau der Fall? Wie achtsam bist du vielleicht schon?

Der folgende Fragebogen kann dir bei der Einordnung helfen und dir auch zeigen, in welchen Bereichen du bereits sehr gut einen achtsamen Ansatz integriert hast und in welchen Teilen deines Lebens dir etwas mehr Bewusstsein guttun würde.

- Machst du oft mehrere Dinge gleichzeitig?
- Fühlst du dich unter Druck gesetzt und gehetzt beim Erledigen der Dinge?
- Funktionierst du oft auf Autopilot?

- Hast du sehr hohe Ansprüche an dich und dein Tun und bemerkst einen gewissen Perfektionismus?
- Bist du in Gedanken schon bei dem nächsten Punkt auf deiner To-do-Liste, während du eine Aktivität ausführst?
- Kannst du eine Arbeit ohne Unterbrechungen zu Ende bringen oder wanderst du immer wieder gedanklich ab, stehst auf, machst etwas anderes?
- Wirst du unruhig, wenn du zum Warten oder anderweitig zur Untätigkeit gezwungen wirst, etwa bei Krankheit?
- Kannst und darfst du nichts tun?
- Wann hast du das letzte Mal innegehalten oder einfach nur geträumt?
- Wann bist du das letzte Mal ganz in etwas versunken, etwa der Betrachtung einer schönen Blume oder des Sternenhimmels in einer klaren Nacht?
- Kannst du dich gut auf ein Gespräch mit einem anderen Menschen einlassen oder wandert deine Aufmerksamkeit zum Handy oder zum Gespräch am Nachbartisch?
- Weißt du, was deine Kinder dir heute beim Frühstück erzählt haben?
- Fühlst du dich schuldig, weil du deine Kontakte manchmal einfach nur noch als weiteren Punkt auf deiner To-do-Liste empfindest und diese schnell mal abarbeitest, wenn du die Zeit findest?
- Isst du nebenbei oder immer nur zwischendurch einen schnellen Happen?
- Bereitest du deine Speise appetitlich zu und setzt du dich zum Essen hin?
- Lenkst du dich viel von deinen eigentlichen Tätigkeiten ab, etwa durch Scrollen am Handy oder durch Fernsehen?
- Bemerkst du Hunger, Durst oder Müdigkeit und wenn ja, reagierst du darauf?

- Legst du Pausen ein? Bemerkst du, wann und wie du dir diese Pausen gönnen solltest?
- Nutzt du zum Abschalten „Hilfsmittel", wie zum Beispiel Genussmittel, Süßigkeiten, Einkaufen?
- Verbringst du deine Freizeit viel passiv vor Bildschirmen?

Hast du dir die Fragen ehrlich beantwortet, wirst du vielleicht erstaunt sein, wie „ferngesteuert" oder gestresst du mitunter durch deinen Alltag gehst. Oftmals ist uns gar nicht bewusst, wie sehr wir von einer Sache zur anderen hetzen, wie viel inneren Stress wir verspüren, wenn alles in uns darauf ausgerichtet ist, zu funktionieren. Wir haben uns daran gewöhnt, dass wir nur wenig Zeit für gesundes Essen haben – oft gibt es nur schnell was zwischendurch oder wir vergessen das Essen ganz oder ersetzen Mahlzeiten durch Snacks und Süßigkeiten.

Wir sind so daran gewöhnt, kaum Pausen einzulegen, dass wir die ersten Anzeichen von psychosomatischen Beschwerden, die sich infolge in unserem Alltag bemerkbar machen, erst mal gar nicht richtig zuordnen können. Immer mal wieder auftauchende Rücken- oder Kopfschmerzen scheinen für uns ohne Ursache, wie aus dem Nichts zu kommen. Oder wir schauen nicht mal nach dem Grund, sondern versuchen, sie mit Schmerztabletten und Ignorieren in den Griff zu bekommen, um weiter durchpowern zu können. Auch Schlaflosigkeit oder das ständige Grübeln sind irgendwann Teil des Alltages.

All diese kleinen Baustellen führen natürlich dazu, dass das eigene Wohlbefinden leidet und auch das unserer Umgebung: Denn zum einen möchten unsere Liebsten natürlich, dass es uns gut geht. Zu anderen können die Beschwerden auch schnell mal zu Gereiztheit und Unstimmigkeiten mit dem Partner und den Kindern führen, wodurch sich die Beschwerden verschlechtern. Der Teufelskreis scheint hier vorprogrammiert, obwohl wir doch eigentlich nur alles dafür tun wollen, möglichst gut zu funktionieren und jedem und allem gerecht zu werden.

Wirkung einer regelmäßigen Achtsamkeitspraxis

Was verändert sich in unserem Leben und unserem Alltag, wenn wir ihn achtsam erleben?

Angelika aus unserem Beispiel fehlte bisher immer das Durchhaltevermögen für eine regelmäßige Praxis. Sie hat zwar mehrfach angefangen, aber Rotwein und Serien sind dann eben doch auf den ersten Blick ergiebiger, weil das Meditieren sie zusätzlich gestresst hat.

Wie kommt das? Ist die Wirkung einer regelmäßigen Achtsamkeitspraxis gar nicht so toll oder für jeden zugänglich?

Die meisten von uns müssen mit den verschiedenen Stressoren in unserem Leben klarkommen, ohne gelernt zu haben, auch echte Entspannungspausen einzulegen. Wir flüchten uns in Genussgifte oder lassen uns berieseln, aber richtig abschalten fällt uns schwer. Dadurch kann es zu Langzeitstress kommen, der uns sowohl mental als auch körperlich stark belasten kann.

Fangen wir jetzt mit dem Meditieren oder Yoga an, kann es sein, dass unsere ersten Erfahrungen weniger großartig sind als erwartet: Statt Entspannung zu verspüren, erleben wir möglicherweise ein Gefühl, gehetzt zu sein oder zusätzlichen Druck zu haben, wie Angelika, und entscheiden uns dann doch für unsere klassischen (wenn auch möglicherweise schädlichen) Bewältigungsmechanismen, weil wir weitere unangenehme Empfindungen vermeiden möchten.

Dabei übersehen wir, dass Achtsamkeit erlernt werden kann – dieser Prozess sich aber mitunter als sehr anstrengend und zäh präsentiert, zumindest am Anfang. Es kann zunächst entmutigend wirken, anstatt Entspannung innere Unruhe zu erleben oder plötzlich Verspannungen und Schmerzen zu bemerken, die man sonst ausblendet. Viele Menschen hören dann vorzeitig auf und meinen, dass ihnen Achtsamkeit nichts bringen würde.

Dadurch, dass wir durch konsequentes Üben aber immer wieder unsere Gedanken einfangen und auf das ausrichten, was wir möchten, werden wir immer gelassener, wenn Gedanken oder Gefühle in uns auftauchen, die wir nicht als positiv empfinden. Du kannst dir das wie beim Sport vorstellen: Am Anfang setzt dich schon ein kleines Gewicht schachmatt. Du fühlst dich heiß und verschwitzt und außer Atem und es ist dir ein Rätsel, warum dir diese Tortur helfen soll. Wenn du nun nach zwei Trainingseinheiten aufhörst und behauptest, Krafttraining würde bei dir nicht funktionieren, dann greift der Blick hier zu kurz. Bleibst du aber dran, stärkst du deinen Körper. Deine Muskeln können mehr leisten und mit einem Mal merkst du, dass das Ausgangsgewicht zu leicht geworden ist und auch der Einkauf sich ruckzuck die Treppe hinauftragen lässt.

Ähnlich verhält es sich mit deinem Geist und der Achtsamkeit: Zu Beginn hüpfen deine Gedanken vielleicht herum wie wilde Affen, dir tut etwas weh, du verspürst Widerstand. Immer wieder zu deiner achtsamen Haltung zurückzukehren, ist mühsam und anstrengend. Aber auch hier wirst du mit der Zeit eine Veränderung bemerken, nur dass es hier deine innere Stärke ist, die wächst: Du wirst dich leichter konzentrieren und bei einer Sache bleiben und deine Aufmerksamkeit auf einen bestimmten Punkt ausrichten können. Ablenkungen werden dich weniger schnell aus dem Konzept bringen, du bleibst gelassener und hast mehr Abstand zu den Dingen, statt dich von ihnen übermannen zu lassen. Zudem wirst du einen besseren Zugang zu deinem Innenleben finden und bewusster damit umgehen: So werden dir Grübelschleifen und innere Katastrophisierungsphantasien ebenso auffallen wie Tagträumereien, die dich vom Wesentlichen abhalten - deinem Leben.

Es entsteht ein reicheres und lebendigeres Gefühl von Vitalität. Du nimmst Dinge klarer und facettenreicher wahr – nicht, weil sie jetzt anders wären, sondern weil sich deine Art der Wahrnehmung verändert. Die nicht wertende Auseinandersetzung, das Beobachten, erlaubt, dass du mehr mitbekommst, von dem, was in dir und um dich herum geschieht.

Zudem kannst du bei einer regelmäßigen Achtsamkeitspraxis auch wirklich beim Bild des inneren Krafttrainings bleiben, denn tatsächlich haben Studien an Meditierenden gezeigt, dass sich bei ihnen Veränderungen im Gehirn nachzeichnen lassen: Bestimmte Areale in deinem Gehirn, die für Stress zuständig sind, werden weniger aktiv, andere Bereiche werden wiederum aktiviert, etwa die, die mit positiven Gefühlen in Verbindung gebracht werden. Auch die Konzentration und die Aufmerksamkeit können sich als kognitive Fähigkeiten klar verbessern.

Mit dem bildgebenden Verfahren im MRT konnte belegt werden, dass sich tatsächlich sogar die graue Hirnmasse positiv verändert, wenn Leute am MBSR, also dem Mindfulness-Based Stress Reduction Programm teilnahmen.

Weitere positive Auswirkungen kann Achtsamkeit auf die Qualität deines Schlafes haben und auf deine Stimmung – so erleben viele Achtsamkeitspraktizierende eine Verminderung von Niedergeschlagenheit, Angst, Depression und Trauer und einen Anstieg von angenehmen Gefühlen (wie Glück und Zufriedenheit). Das persönliche Stresslevel kann sinken und das Immunsystem wird gestärkt. Es zeigt sich aktiver als bei Menschen, die nicht meditieren oder anderweitig Achtsamkeit praktizieren.

Weil du eine bewusstere Wahrnehmung deiner geistigen Muster und auch der inneren Reaktionen auf Reize von außen und innen erleben kannst, hast du die Möglichkeit, eigenständig und frei Entscheidungen zu treffen, gelassen zu bleiben, Glücksmomente bewusst zu spüren und Abstand zu Stress und Ängsten zu bekommen, ohne aber die Verantwortung abzugeben oder das Hier und Jetzt zu verdrängen. Das wird unter anderem auf das Non-Attachement und das Decentering zurückgeführt – beides Haltungen, die durch die Achtsamkeit erlernt werden:

Das Decentering dient der Emotionskontrolle: Du erkennst Gedanken als Gedanken an und missinterpretierst sie nicht als dein ganzes Sein. Du erkennst Reaktionsmuster und kannst sie anpassen und du hast eine offene, wohlwollende Haltung dir gegenüber während des Prozesses.

Das Non-Attachement hilft dir, dich nicht an Dingen, Emotionen oder Eindrücken aufzuhängen, weder an dem Streitgespräch mit dem Chef letzte Woche noch mit dem Augenzucken, das dich seit gestern nervt. Dadurch kannst du den Fokus auf Dinge lenken, die dir guttun, statt Belastendes unnötig aufzublasen und damit auch dein Stresslevel zu steigern.

Ein regelmäßiges Achtsamkeitstraining verschafft dir somit nicht nur eine gelassenere Grundstimmung, sondern auch mehr Aufmerksamkeit und Leistungsfähigkeit. Deine Gehirnfunktionen verbessern sich nachweislich dadurch, du erlangst mehr Vitalität, kannst körperliche und psychische Beschwerden besser handhaben und eine ganz neue Lebensqualität finden.

Somit ist es kein Wunder, dass ein Achtsamkeitstraining mittlerweile Bestandteil verschiedenster Therapiekonzepte ist – sowohl bei physischen Erkrankungen als auch bei psychischen Beschwerden. Die Anwendungsbereiche unterscheiden sich je nach Land: In den Vereinigten Staaten von Amerika wird das Achtsamkeitstraining, allen voran das Mindfulness-Based Stress Reduction Programm von John Kabat-Zinn, beispielsweise bei Krankheiten wie Krebs, chronischen Schmerzen oder stressbedingten psychosomatischen Beschwerden angewendet.

Auch in anderen Ländern finden das MBSR-Programm oder andere Achtsamkeitsprogramme Anwendung, um Patienten beim Umgang mit Stress, Schmerzen und Krankheit zu unterstützen. Eingesetzt wird ein Training beispielsweise bei Angsterkrankungen, Depressionen oder Autoimmunerkrankungen. Es dient maßgeblich dazu, dass die Betroffenen einen besseren Zugang zu sich und ihrem Körper bekommen, ihren Beschwerden mit Achtsamkeit und Akzeptanz begegnen können und sich selbst wieder als Person mit Selbstwirksamkeit wahrnehmen. Sie können zwar nicht unbedingt etwas gegen ihre Krankheit tun – obwohl (wie bereits erwähnt) das Immunsystem durchaus gestärkt werden kann - aber sie können beeinflussen, wie sie darauf reagieren, wie sich ihre Gedankenwelt gestaltet und wie sie mit ihrem Gefühlsleben umgehen.

Wie wird eine Achtsamkeitspraxis vermittelt?

Wenn du dich nun fragst, welche Möglichkeiten es für dich gibt, eine Achtsamkeitspraxis zu erlernen und zu kultivieren, dann wirst du erfreut sein, zu hören, wie vielfältig die Möglichkeiten heute in Deutschland sind.

War Mindfulness noch vor wenigen Jahrzehnten eher im englischsprachigen Raum ein Thema und das Angebot an entsprechender Literatur und Kursen auf Deutsch vergleichsweise übersichtlich, findet sich heutzutage eine riesige Bandbreite an verschiedenen Lernmöglichkeiten an ganz unterschiedlichen Lernorten: Größere Unternehmen bieten im Rahmen ihres betrieblichen Gesundheitsangebotes beispielsweise entsprechende Kurse für ihre Arbeitnehmer an. Die Krankenkassen sind ebenfalls eine gute Anlaufstelle, wenn du auf der Suche nach einem guten Kursus bist: Nicht selten bieten die Kassen selbst an ihren Standorten entsprechende Workshops und Kurse an oder sie übernehmen vollständig oder anteilig die Kosten für einen Achtsamkeitskurs, wenn er krankenkassenzertifiziert ist.

Auch in Reha-Maßnahmen und Tageskliniken gehören Achtsamkeitskurse mittlerweile zum Standardprogramm, da die Forschung die positive Wirkung von Achtsamkeit auf die körperliche und psychische Gesundheit belegen konnte und immer neue Erkenntnisse liefert, die darauf schließen lassen, dass sich das Erlernen der Achtsamkeit sehr günstig auf das Wohlbefinden der Klienten auswirken kann. Ein Nachfragen beim Psychotherapeuten, Physiotherapeuten oder Arzt kann ebenfalls lohnen. Diese können dich an gut ausgebildete Achtsamkeitstrainer verweisen, bei denen du einen Kurs belegen kannst.

Auch an Volkshochschulen werden vielerorts Achtsamkeitskurse gegeben, häufig nach dem Prinzip des MBSR-Trainings von Jon Kabat-Zinn. Weitere Adressen sind zudem Yoga-Schulen mit entsprechender Ausrichtung oder private Anbieter, die als Achtsamkeitstrainer tätig sind. Hier solltest du bei der Wahl deines Kurses aber unbedingt darauf achten, welche Qualifikationen die Anbieter nachweisen können, damit du nicht aus Versehen an einen Menschen gerätst, der gerade mal ein Wochenend-Seminar zum Thema besucht hat – denn die Bezeichnung des Achtsamkeitstrainers ist bisher noch kein geschützter Begriff und deshalb kein Garant für eine qualitativ hochwertige Ausbildung, die dir zugutekommt.

In der Regel handelt es sich um mehrwöchige Kurse, in denen neben Hintergrundwissen auch Achtsamkeitsübungen (wie Meditation, achtsames Essen, der Body-Scan oder die Geh-Meditation) vermittelt und eingeübt werden und in denen auch in der Gruppe über die eigene Achtsamkeitspraxis gesprochen wird. Diese Gruppen sind ideal für Menschen, die vom Gemeinschaftserlebnis profitieren und durch feste Termine gut bei der Sache bleiben und so eine eigene Praxis aufbauen und in ihr Leben integrieren können. Wer lieber für sich alleine übt, profitiert vielleicht eher von Online-Angeboten ohne direkten Austausch oder der Arbeit mit einem Buch oder Videos.

Brauchst du eine kleine Auffrischung oder Motivation, kann auch ein geführtes Achtsamkeitswochenende in besonderer Umgebung oder ein spezielles Retreat eine spannende Möglichkeit sein, um sich dem Thema Achtsamkeit wieder zu nähern. Diese Angebote werden auch gerne genutzt, um die eigene Achtsamkeitspraxis zu vertiefen und sich innerhalb eines festen Zeitrahmens ganz ungestört auf dieses Thema konzentrieren zu können.

Welche achtsamkeitsbasierten Verfahren gibt es?

Besonders gut erforscht wurde und wird das Mindfulness-Based Stress Reduction Programm von Jon Kabat-Zinn, das häufig die Basis für die Kursinhalte bildet. Es zeichnet sich dadurch aus, dass die Mischung aus Meditation, Yoga und anderen Achtsamkeitstechniken mit Informationsvermittlung die Teilnehmenden schnell in die Position bringt, dass sie eigenständig üben können und ihre Selbstwirksamkeit beim achtsamen Üben spüren. Meist wird der

Kurs über acht Wochen angeboten, mit einem Treffen pro Woche und noch einem langen Wochenende, an dem zusammen trainiert wird und man auch die Möglichkeit hat, sich im Schweigen zu üben.

Auch die achtsamkeitsbasierte kognitive Therapie wird meist über eine Zeitspanne von acht Wochen als Gruppenkurs angeboten und zählt zu den Verfahren, die in der Psychotherapie Einsatz finden. Sie ist auch unter der englischen Bezeichnung Mindfulness-Based Cognitive Therapy oder kurz MBCT bekannt und wird überwiegend bei Depressionen eingesetzt. Es werden Elemente des MBSR mit kognitiven verhaltenstherapeutischen Ansätzen kombiniert, um Personen für etwaige Depressionsepisoden zu sensibilisieren und Rückfälle zu minimieren. Ferner werden diese Verfahren genutzt, um einen gesunden Umgang mit Stress oder unveränderlichen Situationen zu erlernen.

Grenzen von Achtsamkeit

Achtsamkeit eröffnet viele wunderbare Möglichkeiten, mit dem eigenen Innenleben und der Außenwelt umzugehen – aber sie ist kein Allheilmittel. Sie kann Krankheiten und Krisen nicht einfach auflösen, sie macht nicht unverwundbar und auch nicht unendlich belastbar. Sie ist eine fantastische Lebenshaltung mit viel Potential, aber sie ersetzt keinen Arztbesuch oder eine Therapie, wenn dies angezeigt ist.

Bei all den positiven Dingen, die die Achtsamkeit mit sich bringt und den überschwänglichen Berichten, wird manchmal aus den Augen verloren, dass eine Achtsamkeitspraxis keine medizinische oder psychotherapeutische Behandlung ersetzen, sondern im besten Fall einfach begleiten und ergänzen sollte. Auch bedeutet eine solche Praxis nicht, dass man sich alles gefallen lässt oder in schwierigen Situationen ausharrt, die man ändern könnte – nur, weil man ja jetzt so achtsam damit umgehen kann.

Deshalb ist es wichtig, auch mit der achtsamen Haltung ins Handeln zu kommen und weiterhin aktiv das Leben in die gewünschte Richtung zu führen, Verantwortung zu übernehmen und offen und fair zu benennen, wo die Grenzen der Achtsamkeit für einen persönlich liegen und welche Konsequenzen dies beinhaltet.

Achtsam mit dir

Achtsames Arbeiten, achtsames Erziehen, achtsam im Umgang mit Kollegen, achtsam beim Sport – all das ist schön und gut und wichtig, aber Achtsamkeit sollte mit dir beginnen.

Es ist wichtig, dass du ganz in Ruhe für dich das Konzept der Achtsamkeit, und damit verbunden neue Techniken und Methoden, kennenlernen kannst. Wenn du lernst, wie du deine Gedanken beruhigen und positiver denken kannst, eröffnet dir das eine völlig neue Perspektive auf dein Leben: Du wirst automatisch zufriedener sein, wenn mehr Ruhe in dir herrscht und du mit dem Leben fließen kannst, anstatt ständig Anstrengungen zu unternehmen, die Dinge ins Laufen zu bringen oder am Laufen zu halten.

Dennoch kann es sehr schwer sein, die eigenen Bedürfnisse wahrzunehmen und wertzuschätzen. Insbesondere Frauen sind es gewohnt, sich erst mal hintenanzustellen und die Wünsche anderer zu erfüllen, bevor sie sich um sich selbst kümmern.

Auf den eigenen Körper und Geist achten, deren Signale wahrnehmen und deuten können, kann daher wie eine sehr ungewohnte, ja fast einschüchternde Aufgabe wirken – bietet aber so unendlich viel Potential für dich, dass es sich definitiv lohnt, diesen Schritt zu wagen.

In Kontakt zu dir selbst treten

Um Achtsamkeit in dein Leben zu holen, ist es wichtig, dass du in Kontakt mit dir selbst treten kannst. Wir sind nicht selten so stark eingebunden in unsere täglichen Verpflichtungen, dass wir kaum eine ruhige Minute haben, um uns über den Tag unserer selbst bewusst zu werden. Zudem scheuen wir mitunter auch das Innehalten und versuchen, uns mit dem raschen Griff zum Handy oder der Fernbedienung dauerhaft zu unterhalten, statt mit uns selbst in Kontakt zu kommen.

Das ist nicht verwunderlich: Zum einen sind wir diese Kontaktaufnahme nicht gewohnt, zum anderen kann sie einiges an Mut von dir verlangen, denn nicht immer ist diese Form der Selbsterfahrung nur mit angenehmen Momenten verbunden.

Ein achtsames Hinschauen umfasst alle Aspekte des eigenen Lebens, die uns und unser Leben ausmachen – nicht nur die schönen Instagram tauglichen Bilder von grünen Säften, auf Klippen meditierenden Models und Heilsteinen, die uns mit den Hashtags *Achtsam*, *Achtsamkeit* und *Mindfulness* auf den sozialen Medien überfluten.

Wichtig ist nur, dass du aus dem Modus des Autopiloten aussteigen kannst und dir deines Handelns, Denkens, Fühlens, deines Selbst bewusst wirst. Fehlt dir dieses Bewusstsein, verschleiert es mitunter nämlich deinen Blick auf die Realität: Du kannst dir selbst etwas vormachen, Zusammenhänge bilden, wo eigentlich keine sind, deine eigenen Prozesse und Gedankeninhalte möglicherweise nicht richtig einordnen und nachvollziehen.

Mit einer achtsamen Geisteshaltung ist es aber möglich, das nötige Bewusstsein dafür zu erlangen, um dadurch differenzierter, klarer und unvoreingenommener auf uns und unser tägliches Leben zu schauen.

Das Gute: Wir können diese Fähigkeit, diese Achtsamkeit erlernen – ganz gleich, wie weit wir aktuell davon entfernt sein mögen. Wir müssen allerdings akzeptieren, dass diese Fähigkeit, genau wie andere Fähigkeiten, langsam erlernt werden muss und ein stetiges Üben und Anwenden erfordert, um ein fester Bestandteil des eigenen Lebens zu werden.

Belohnt wirst du dafür mit einem bunteren, runderen Leben, da du wirklich bewusst und aktiv teil daran nimmst und nicht nur wie ferngesteuert eine Aufgabe nach der anderen abarbeitest, der Vergangenheit nachhängst, dich in Zukunftsträumen und Zukunftsangst verfängst oder dich mit verinnerlichten Glaubenssätzen und Bewertungen davon abhältst, die Dinge so zu sehen, wie sie sind.

Deine Achtsamkeitspraxis

Im Folgenden werden dir verschiedenste Zugangswege, Techniken und Tipps vorgestellt, mit denen du die Achtsamkeit in dein Leben einladen, üben und kultivieren kannst. Du kannst alle vorgestellten Aktivitäten ausprobieren oder dich auch erst mal auf ein paar Kernelemente konzentrieren.

Zum Kultivieren einer Achtsamkeitspraxis empfiehlt es sich, eine Form von Meditation oder Achtsamkeitsübung jeden Tag zu machen, um diese Form des Bewusstseins zu trainieren.

In dem MBSR-Training von Kabat-Zinn läuft das Achtsamkeitstraining beispielsweise so ab, dass die Teilnehmenden in acht Wochen Hintergrundwissen rund um die Achtsamkeit erlernen und dann Stück für Stück Achtsamkeitstechniken in ihren Alltag integrieren. Fester Bestandteil ist der Body-Scan, der jeden Tag geübt werden soll – mindestens 6 von 7 Tagen, um sich seines Atmens und seines Körpers bewusst zu werden und die Achtsamkeit zu schulen. Später ergänzen Yoga-Übungen und verschiedene Meditationstechniken (wie die Sitzmeditation und die Geh-Meditation) das Übungsprogramm. Nach acht Wochen können die Teilnehmenden dann mit diesen Techniken weiter üben oder sie schaffen sich eine eigene Routine.

Auch du kannst dir eine eigene Routine aufbauen und dabei Elemente integrieren, so, wie es zu dir und deinem Leben passt. Wichtig, um vorab unnötigen Druck zu vermeiden: Nicht alle Übungen musst du jeden Tag erledigen. Allerdings ist es gerade zu Beginn deiner Achtsamkeitsreise von großer Bedeutung, dass du neben achtsamen Momenten im Alltag auch eine feste Achtsamkeitspraxis in deinen Tagesablauf integrierst, um dein Bewusstsein neu auszurichten.

Wenn du in ein paar Monaten geübter bist, kannst du dein Programm auch wieder lockern, aber es sollte dennoch ein fixer Bestandteil in deiner Wochenplanung bleiben, damit du die Achtsamkeit dauerhaft in deinem Leben verankern kannst.

Vorbereitungen für deine Achtsamkeitspraxis

Es braucht keine großen Vorbereitungen für deine Achtsamkeitspraxis. Im Grunde genommen könntest du in der Sekunde, in der du diesen Satz liest, direkt mit dem Üben beginnen, indem du wieder eine aufrechte Haltung einnimmst und ein paar bewusste Atemzüge nimmst, bei denen du dich auf nichts anderes fokussierst als auf das Einströmen der Luft in deine Atemwege und das Ausströmen der Luft.

Trotzdem empfiehlt es sich, dass du dir einen festen Übungsplatz schaffst, den du für deine täglichen Achtsamkeitsübungen aufsuchst. Er sollte einladend und sauber sein, am besten so klar und einfach wie möglich, damit dich nichts von dir und deiner Praxis ablenkt. Eine kleine Ecke in deinem Schlafzimmer mit einem Meditationskissen oder einem Bänkchen, einer Gymnastikmatte und ein oder zwei Dekorationsgegenständen, die dir beim Üben behilflich sein können, reichen schon aus. Besonders angenehm ist es natürlich, wenn du eine stimmungsvolle Beleuchtung schaffen und auch für frische Luft sorgen kannst, bevor du beginnst.

Wichtig ist ferner, dass du ungestört bist. Hast du kein eigenes Zimmer zur Verfügung und deine Übungsecke in einem öffentlichen Raum eingerichtet, schirme sie vielleicht mit einem Raumteiler oder einem Tuch oder einer großen Zimmerpflanze etwas ab und übe dann, wenn du allein in der Wohnung bist. Gerade am Anfang kann es noch schwer sein, sich nicht ablenken zu lassen und da sind zusätzliche Störquellen (wie Gespräche oder Schritte von anderen) unnötige Hindernisse, die dir das Einsteigen in die Achtsamkeitspraxis möglicherweise erschweren.

Lege dir noch eine leichte Decke zurecht – gerade bei Entspannungsübungen oder dem Meditieren kann sich deine Körpertemperatur senken und damit du nicht auskühlst, ist eine leichte Decke oder ein breiter Schal dann ideal. Eine Blume oder eine Kerze können nicht nur für eine gewisse Atmosphäre sorgen, sondern auch bei der Objekt-Meditation eingesetzt werden und deiner Praxis zudem einen Ritual-Charakter verleihen, der dir dabei hilft, dich auf das Kommende einzustimmen.

Achte auch darauf, dass du Kleidung wählst, die sich angenehm anfühlt und dich beim Üben nicht einengt, sondern dir Raum zum Atmen und Bewegen gibt.

Achtsamer Umgang mit deinem Körper

Unser Körper ist nicht einfach nur ein Gefäß, das uns von A nach B bringt, sondern ein Teil von uns selbst, der gesehen und geachtet werden möchte. Oftmals wenden wir uns unserem Körper aber erst zu, wenn es nicht mehr anders geht. Können wir die großen oder kleinen Zipperlein im hektischen Alltag noch gut übersehen, führt kein Weg mehr daran vorbei, dem Körper Aufmerksamkeit zu schenken, wenn er streikt und seinen Dienst verweigert.

Damit dies gar nicht erst passiert (oder falls es schon passiert sein sollte, du wieder eine gute Verbindung zu dir aufbauen möchtest), kannst du einen achtsamen Umgang mit deinem Körper pflegen und so einen wertvollen Beitrag zu deiner Gesundheit leisten.

→ Achtsame Bewegung

Wir alle wissen, dass regelmäßige Bewegung gut für uns ist. Aber nach einer langen Pause körperlich wieder fit zu werden, erfordert Zeit und Ausdauer. Der eine verschiebt seine sportlichen Aktivitäten immer wieder, der andere absolviert ein rigoroses Trainingsprogramm. Der Kontakt mit dir selbst bleibt dabei aber meist auf der Strecke.

In der Achtsamkeitspraxis wird daher oft das Yoga als bewusste Form der körperlichen Ertüchtigung gewählt. Je nach Yogastil ist der sportliche Anteil hier mehr oder weniger intensiv. Vielmehr geht es um das bewusste Zusammenspiel von Bewegung und Atmung, ein Bewusstmachen des Körpers und des Geistes und eine Verbindung der unterschiedlichen Elemente.

Im Rahmen des MBSR-Programms von Jon Kabat-Zinn werden spezielle Yoga-Sequenzen eingeübt, aber du kannst natürlich auch mit einem Lieblingsvideo oder in deinem Yoga-Studio üben.

Wichtig ist, dass der Fokus auf einer bewussten, achtsamen Ausführung der Bewegungsabläufe liegt und du immer wieder zu deinem Atem zurückgehen und dich im Hier und Jetzt verorten kannst. Das Zusammenspiel aus Atmung und Bewegung sorgt für ein sehr bewusstes Steuern des Körpers, dass dir bei Bewegungen im Alltag vermutlich weniger zugänglich ist. Durch das Einüben auf der Matte kannst du dieses Bewusstsein aber auch außerhalb der Matte nutzen, um dich zu erden und dich zu spüren.

Fühlst du dich zu Beginn der Übungen noch sehr steif oder ungelenk, ist das kein Grund zum Verzweifeln, sondern eine Chance, mit dem Entdeckergeist und dem Nicht-Bewerten an die neue Situation heranzutreten und zu schauen, wie sich was für dich entwickeln wird.

→ Feldenkrais

Feldenkrais ist eine Entspannungs- und Bewegungsmethode, die von Moshé Feldenkrais entwickelt wurde und dabei helfen soll,

Bewusstheit über den eigenen Körper zu bekommen. Diese Form der Selbstwahrnehmung soll die Körperfunktionen verbessern und auch unterstützend bei Schmerzen wirken. Heute wird Feldenkrais in der Gesundheitsvorsorge, aber auch in der Rehabilitation und als Entspannungsverfahren eingesetzt. Die einzelnen Bereiche des Körpers werden nach und nach mit sehr langsamen und kontrollierten Bewegungen angesprochen.

Als sehr ruhige und sanfte Methode ist sie auch für Personengruppen mit körperlichen Einschränkungen oder Erkrankungen gut geeignet und perfekt, wenn du nach einem anstrengenden Tag keine Kraft mehr für eine Yoga-Einheit hast oder dich eine Erkältung aufs Sofa verbannt hat.

Aber auch wenn dir nach ganz bewusster Entschleunigung ist, kann Feldenkrais eine gute Wahl für die bewusste und achtsame Bewegung sein. Die Bewegungsabläufe erfolgen sehr langsam, wodurch ein besonderes Bewusstsein für sie geschaffen werden soll. Gerade wenn du sehr aufgewühlt bist, mag es irritierend sein, gleich drei Gänge zurückzuschalten und nicht schnell durch das Programm huschen zu können – aber schaffst du es, dich darauf einzulassen, kann dies wunderbar beruhigend wirken.

Allein durch die zeitliche Verzögerung wird der Geist vom typischen Autopilot-Modus abgehalten und ein bewusster Umgang mit dem eigenen Körper und seinen Bewegungen kann beginnen. Dir fallen vielleicht Dinge an dir auf, die du bei deinen alltäglichen, raschen Aktivitäten nie bemerkt hättest. So kannst du auf eine ganz neue Weise mit dir und deinem Körper in Kontakt treten.

→ Die Geh-Meditation

Eine noch unkompliziertere Form der bewegten Achtsamkeitspraxis ist die Geh-Meditation.

Selbst wenn du in stressigen Phasen oft nicht die Zeit für ausufernde Fitness-Aktivitäten finden solltest – gehen müssen wir alle und zwar jeden Tag. Die Art und Weise, wie wir gehen, spielt hier aber eine entscheidende Rolle. Bei der Geh-Meditation geht es nicht darum, eine möglichst weite Strecke zurückzulegen oder rasch von einem Ort zum anderen zu kommen.

Vielmehr wird das Gehen zum Selbstzweck, zum meditativen Zustand, bei dem du ganz in der Bewegung und allem, was für dich dazu gehört, aufgehst.

Hast du diese Form der Meditation schon ein paar Mal geübt, kannst du sie immer und überall anwenden, etwa beim Gang vom Bürotisch zum Kopierer oder beim Einkaufen im Supermarkt, und dir so immer dann, wenn du ein paar Schritte zu erledigen hast, kleine Inseln der Achtsamkeit in deinem Alltag schaffen. Dies gibt deiner Bewegung eine ganz neue Qualität und kann unheimlich erfrischend wirken – nicht zuletzt, weil so ungeliebte Wege (Ich muss schon wieder was aus dem Archiv holen) zu einer Möglichkeit werden, dich zu erden und deinen Geist zu klären.

Wenn du die Geh-Meditation zum ersten Mal übst, suche dir am besten eine freie Fläche, etwa einen Flur oder die Gartenterrasse. So kannst du dich ganz auf deine Übung konzentrieren und musst nicht auf andere Passanten oder den Straßenverkehr achten.

Es gibt unterschiedliche Arten, eine Geh-Meditation durchzuführen. Vielleicht magst du dich bei jedem Schritt stark auf deine Füße und deine Beine fokussieren, den Untergrund wahrnehmen, das Gefühl in deinen Kniegelenken. Vielleicht magst du auch bei dem einen Schritt „Einatmen!" und bei dem nächsten Schritt „Ausatmen!" denken. Nichts anderes ist dann wichtig, außer das, worauf du dich beim Gehen konzentrierst.

Wenn du merkst, dass du durch ein Hindernis aus deinem Rhythmus gerissen wirst, führe deine Aufmerksamkeit wieder sanft zurück zu dem, worauf du dich konzentrieren willst. Achte darauf, dass dein Atem frei fließen kann und gehe gegebenenfalls deutlich langsamer als in deinem Alltag. Es geht nicht darum, eine bestimmte Strecke zurückzulegen, sondern ganz bei der Tätigkeit des Gehens zu bleiben und diese Achtsamkeit deiner Tätigkeit gegenüber auf dich wirken zu lassen.

Wenn du dir das Fokussieren auf die Bewegung erleichtern willst, versuche mal, dein typisches Gehtempo deutlich zu drosseln, vielleicht sogar in Zeitlupe zu gehen. Dadurch wird dir der Bewegungsablauf jedes einzelnen Schrittes besonders deutlich.

→ Atmen

Atmen geschieht zwar meist unbewusst, aber während dieses unablässigen Prozesses passiert eine ganze Menge in deinem Körper. Auch atmen wir nicht immer gleich, sondern der Atem kann je nach Gemütszustand und Belastungsgrad ganz unterschiedlich ausfallen. Besonders wohltuend ist für uns die Bauchatmung, bei der wir die Luft vollständig in die Lunge einatmen und sich so nicht nur der Brustkorb beim Einatmen auseinanderdehnt, sondern auch die Bauchdecke von der Lunge leicht nach außen gewölbt wird.

Viele von uns atmen im Alltag sehr flach, weil wir uns gestresst fühlen. Ein tiefes Einatmen scheint dann oft gar nicht möglich. Du kannst Atemgymnastik dazu nutzen, um dir wieder eine tiefe Bauchatmung zu ermöglichen oder deinen Körper mit ein paar Tricks lockern: Gähne beispielsweise herzhaft und recke dich dabei. Danach gelingt das Atmen meist freier. Das Gähnen darf dabei ruhig ein geschauspielertes Gähnen sein – ähnlich wie beim Lachyoga verwandelt es sich meist sowieso in ein echtes.

Für eine einfache Übung lege dich auf den Rücken und platziere deine Hände an deinen äußeren Rippen. Du kannst spüren, wie deine Rippen deine Hände nach außen bewegen, wenn du einatmest und sie sich wieder annähern, wenn du ausatmest. Lege danach deine Hände auf deinen Bauch. Stelle dir vor, dass dein Bauch ein Luftballon ist, in den beim Einatmen die Luft hineinströmt. Der Ballon wird rund, deine Hände heben sich auf deinem Bauch. Wenn die Luft aus dem Ballon entweicht, senken sich deine Hände wieder herab. Konzentriere dich nur auf deinen Atem und die Position deiner Hände. Wenn du gedanklich abwanderst, kannst du deine Finger kurz bewegen, um die Achtsamkeit wieder auf diese Stelle zu lenken, bevor du weiter übst.

Du kannst auch andere Sinnbilder verwenden, wie beispielsweise Ebbe und Flut, um deinen Atemrhythmus bewusster werden zu lassen.

Achtsames Essen

Eine ausgewogene Ernährung ist ein wichtiger Stützpfeiler der Gesundheit. Achtsamkeit kann dich darin unterstützen, ein gesundes Essverhalten zu zelebrieren. Denn, wenn du bewusst und mit allen Sinnen isst, wirst du mehr Genuss beim Verzehren der Speisen erleben können und auch weniger dazu neigen, zu viel zu dir zu nehmen.

Jeder von uns kennt es, nebenbei einen Snack zu sich zu nehmen: Die Hand wandert bei der Arbeit am Computer oder beim Gucken der Lieblingsserie in die Chipstüte und plötzlich – man weiß gar nicht wie – greift sie ins Leere. Durch das achtsame Essen wirst du einen besseren Zugang zu deinen wirklichen Bedürfnissen erkennen und auch spüren können, wann du gesättigt bist. Vielleicht wirst du auch langsamer essen und besser kauen, was klasse für dein Verdauungssystem ist und ebenfalls dazu beitragen kann, dass du nicht ins Überessen gerätst.

→ Die Rosinenübung

Eine der bekanntesten Übungen, um sich dem achtsamen Essen zu nähern, ist das Rosinenessen.

Probiere es am besten gleich mal aus. Dafür brauchst du nur eine Rosine und ein paar Minuten Ruhe. Du kannst dir aber auch ein Stückchen Brot oder eine Kirsche nehmen, wenn du kein Trockenobst magst.

Nimm dir dein Stückchen und befühle es ganz genau mit deinen Fingerspitzen. Wie fühlt sich die Oberfläche an? Ist sie runzlig, ledrig, glatt, warm, flaumig, kühl? Fühlt sich das Lebensmittel fest oder weich an? Wenn du magst, kannst du es auch sacht zu deinen

Lippen führen – halt! Nicht zubeißen, sondern mit den Lippen betasten. Fühlt es sich an den Lippen anders an?

Lasse die Eindrücke zu und gehe dann gedanklich weiter zu deinem Geruchssinn: Wie riecht das Stückchen? Süß, fruchtig, würzig, frisch? Weckt der Geruch irgendwelche Assoziationen in dir? Konzentriere dich auf die Wahrnehmungen und Empfindungen und lasse sie auf dich wirken.

Wenn du magst, kannst du jetzt ein kleines Stück abbeißen, um zu fühlen, wie deine Zähne das Lebensmittel zerteilen.

- Wie ist die Beschaffenheit im Inneren der Rosine, der Frucht?
- Wie ist der Geschmack?
- Wie ist die Konsistenz?

Nimm dir beim Kauen etwas mehr Zeit als sonst und versuche, das Stückchen etwa 15- bis 20-mal zu kauen, bevor du es schluckst.

- Wie war das achtsame Essen für dich?
- Hat die Rosine besonders intensiv geschmeckt?
- Was ist dir aufgefallen?
- Was hat dir gefallen?
- Was empfandest du als ungewohnt?
- Kannst du dir vorstellen, was dir daran bei deinen täglichen Mahlzeiten guttun würde?

Die meisten Menschen berichten davon, dass ihnen die Rosine sehr süß, die Kirsche besonders fruchtig, die Schokolade sehr vollmundig vorgekommen ist – allein dadurch, weil sie mit all ihren Sinnen dabei waren und in aller Ruhe den Verzehr zu einem Genuss haben werden lassen.

Achtsames Essen spricht all deine Sinne an. Es erfordert Zeit und Muße, was sich nicht nur positiv auf das Geschmackserlebnis, sondern auch auf die Bekömmlichkeit der Speisen und das gelungene Maßhalten auswirken kann.

→ Entschleunigt genießen

Wenn du dazu neigst, recht schnell zu essen, aber keine Lust hast, jeden Bissen wie die Rosine aus der Übung zu zelebrieren, kannst du dich mit einem kleinen Trick daran erinnern, deine Mahlzeiten etwas zu entschleunigen und so Raum für achtsames Essen zu schaffen.

Lege nach jedem Bissen deine Gabel, deinen Löffel ab und kaue in Ruhe. Erst dann, wenn du deinen Bissen geschluckt hast, nimmst du dein Besteck wieder auf und nimmst den nächsten Happen.

Auf diese Weise sorgst du für eine kurze Pause, die dir Zeit zum Genießen schenkt und auch dafür sorgt, dass dein Körper ganz entspannt sein Sättigungssignal losschicken kann und nicht mit einer Menge von Nahrung überrumpelt wird. Das geht auch ganz unauffällig in der Kantine oder beim Essen im Restaurant!

Ein weiterer Trick, um sich ein achtsameres Esstempo anzugewöhnen: Iss mit deiner nicht dominanten Hand - als Linkshänder mit rechts, als Rechtshänder mit links. Dadurch schaffst du immer wieder kleine Irritationsmomente, in denen sich dein Gehirn neu verorten und ausrichten muss. Und schon ist dein Bewusstsein bei deinem Essen, anstatt bei der Arbeit oder bei der Steuererklärung.

Alternativ kannst du auch zu ungewohntem Essgeschirr greifen, etwa mit Stäbchen essen oder - wenn du magst – mit den Händen zugreifen und so den Fokus auf deine Speise und das Essen lenken.

→ Essen mit allen Sinnen ohne Ablenkung

Versuche immer wieder, deine Speisen bewusst ohne Ablenkung einzunehmen. Das wird nicht immer gehen, wenn du ein Kleinkind füttern, den Büroalltag stemmen oder ein Geschäftsessen zu bewältigen hast. Aber probiere, eine Mahlzeit am Tag zu finden, die du bewusst und in aller Stille einnimmst – frei von Ablenkung durch das Radio, den Fernseher oder das Handy. Setze dich mit deinem köstlichen Essen an einen Lieblingsplatz und erlebe den Genuss mit all den Sinnen, die dir zur Verfügung stehen. Lass das würzige Aroma von Rucola in deine Nase steigen, fühle die feine Säure der Blaubeeren und ihr cremiges Fruchtfleisch und erfreue dich an dem verheißungsvollen Crunch, wenn du in einen rotbackigen Apfel beißt! So wird dein Standardfrühstück mit einem einfachen Butterbrot mit Rucola und einem Obstsalat zu einem kleinen Genussmoment, der jede Menge Raum zum Entdecken und Hinschmecken bietet.

Wenn du möchtest, kannst du diese Achtsamkeits-Mahlzeiten auch mit einem Mini-Ritual einläuten, etwa dem Anzünden einer Tischkerze oder dem Verwenden eines bestimmten Lieblingstellers. Hier lässt sich auch wunderbar die Dankbarkeit kultivieren: Mache dir bewusst, wie viele Menschen daran beteiligt waren, dieses Essen, das du jetzt verzehrst, zu ermöglichen: von dem Bauern über den Supermarktlieferanten bis hin zum Kassierer. Und bedanke dich innerlich – oder, wenn du möchtest, auch laut – bei allen.

So wirst du bei deinen Mahlzeiten nicht nur mehr Genuss erleben – du wirst auch bemerken, dass sich gesündere Essgewohnheiten (wie langsames Essen, sorgfältiges Kauen und das Entwickeln eines klaren Sättigungsgefühls) leichter einstellen können, wenn du einen bewussten Umgang mit deiner Nahrung und deiner Nahrungsaufnahme pflegst.

Achtsam mit deinen Gedanken und Einstellungen

Negative Denkmuster und Gedankenspiralen können sehr belastend sein, lassen sich aber mit einer regelmäßigen Achtsamkeitspraxis gut abmildern und auch vorbeugen. Dafür ist es aber notwendig, dass du dir automatisierter Gedankenabläufe bewusstwirst. Durch die Haltungen der Achtsamkeit schaffst du eine Basis, auf der du ein ständiges Gedankenkreisen viel schneller bemerkst und dagegen ansteuern kannst, weil du achtsam im Hier und Jetzt bist, statt dich in Schreckensszenarien zu verlieren oder alte Geschichten immer wieder vor dem inneren Auge ablaufen zu lassen.

So können viele Sorgen ein Stück weit relativiert werden. Du kannst einen anderen Blickwinkel einnehmen, einen inneren Abstand gewinnen und mehr Gelassenheit zulassen, was dir erleichtert, weniger überzureagieren.

Durch eine Achtsamkeitspraxis können wir auch damit beginnen, uns unsere Gedanken und Einstellungen überhaupt erst bewusst zu machen und zu schauen, wie wir mental mit uns selbst umgehen.

→ Das Achtsamkeitstagebuch

Sehr hilfreich kann ein Achtsamkeitstagebuch sein, in dem wir unsere Gedanken festhalten. Nach einiger Zeit können wir nicht nur bestimmte Gedankenmuster erkennen, sondern auch eine bestimmte Form von Sprache, die wir dazu wählen, um mit uns selbst zu kommunizieren. Nicht selten bemerken wir, dass wir mit uns ziemlich unfreundlich im inneren Dialog stehen und uns diese Form des Selbstgespräches belastet und traurig macht.

Haben wir das erkannt, können wir achtsam unsere Worte wählen, um Verzerrungen und Gemeinheiten zu vermeiden und die liebevolle und wohlwollende Offenheit auch uns selbst gegenüber zu entwickeln. So bedacht wir unsere Worte im Gespräch mit einer wichtigen Persönlichkeit wählen, so achtsam dürfen wir auch mit uns selbst sprechen – denn wir sind ebenfalls wichtig!

Vielleicht hilft dir eine Liste mit Gegenvorschlägen, wenn du dich innerlich immer wieder mit Standardsätzen herunterputzt. Zeichne dazu eine Tabelle mit zwei Spalten in dein Achtsamkeitstagebuch: Links notierst du deine achtlosen, heftigen Sätze, rechts lässt du dir eine wohlwollende und achtsame Alternative einfallen.

Wenn du möchtest, kannst du auch Affirmationen oder angenehme Wörter sammeln, die du gern in deinen Sprachschatz aufnehmen willst. Je mehr du aktiv und passiv angenehme und wohlwollende Wörter verwendest und aufnimmst, desto weniger werden blockierende Sprachmuster aktiviert, die dich zurückhalten oder verletzen.

Es kann auch sein, dass du durch die achtsame Sprache empfänglicher wirst für nette Worte, die an dich gerichtet werden und die sonst möglicherweise einfach an dir vorbei gehen, weil du bisher kein Bewusstsein dafür hattest.

Welche Sätze benutzt du im Selbstgespräch regelmäßig, die nicht so nett sind und wie könntest du sie achtsam und wertschätzend umformulieren?

Bisheriger Wortlaut	Achtsame Variante

Mithilfe des Notierens deines Tages, deiner persönlichen Konflikte und Gespräche können dir auch innere Überzeugungen bewusstwerden, die dir bisher vielleicht gar nicht klar waren. Wir alle haben Glaubenssätze aus unserer Kindheit übernommen, mit Vorurteilen zu kämpfen und Stacheln aus unserer Vergangenheit, die uns voreingenommen auf Menschen und Dinge zugehen lassen.

Wenn wir hier nicht mehr die Augen verschließen, sondern uns dies bewusst machen, ohne uns zu verurteilen, können wir damit beginnen, diese Überzeugungen zu überprüfen, von ihnen Abstand zu gewinnen (falls nötig) und neue, hilfreichere Gedankenmuster zu entwickeln, die dazu beitragen, dass wir offen und wertschätzend aufs Leben schauen können.

Zudem kannst du das Achtsamkeitstagebuch dazu nutzen, um zu notieren, welche Achtsamkeitsübungen dir guttun, wo und wann es dir im Alltag gelungen ist, im Hier und Jetzt zu bleiben und deine kleinen und großen Glücksmomente zu feiern, die du dir mit deiner achtsamen Haltung ermöglichen konntest.

Zelebrieren kannst du das mit einer kleinen täglichen Notiz, in der du all das festhältst, was sich heute positiv auf dich ausgewirkt hat – von der klaren Luft über das tolle Lied im Wartezimmer beim Augenarzt bis hin zur duftenden Suppe, die du dir zum Abendessen gezaubert hast.

→ Paket-Meditation/Wolken-Meditation

Gedanken loszulassen kannst du wunderbar während einer Meditation üben. Ein beliebtes Bild ist das des Paketes. Nimm dir einen bestimmten Gedanken, der dir das Leben erschwert und packe ihn in eine Kiste. Diese verschließt du fest und dann packst du sie in ein Paket. Das Paket kannst du nun wieder einpacken und dann auf ein Floß setzen, das vom Ufer wegtreibt in Richtung des Horizontes, bis es vollkommen aus deinem Blickfeld verschwunden ist.

Alternativ kannst du dir auch vorstellen, dass deine Gedanken auf den Wolken sitzen und vorbeitreiben. Sie tauchen kurz in deinem Sichtfeld auf, werden dir bewusst, aber es besteht kein Grund dafür, sie festzuhalten oder dich von ihnen verschlucken zu lassen. Lasse sie weiterziehen und akzeptiere sie als das, was sie sind – einfach nur Gedanken.

Wenn du visuell veranlagt bist, kannst du bei dieser Übung auch tatsächlich in den Himmel schauen und den Gedanken beim Treiben zuschauen.

→ Emotionen benennen und sich nicht damit identifizieren

Die eigenen Emotionen klar benennen und akzeptieren zu können, lässt sich mit Achtsamkeit ebenfalls einüben. Eine wunderbare Technik, um sein eigenes Gefühlschaos zu ergründen und sich nicht damit zu identifizieren, ist das Benennen: „Da ist Trauer" oder „Da ist Wut." Diese Formulierung schafft anstelle des „Ich bin traurig" oder „Ich bin wütend" eine neue Form der Distanz und dadurch die Möglichkeit, sich bewusst mit der Emotion auseinanderzusetzen, anstatt voll in ihr aufzugehen.

Ferner kannst du dir so die eigenen einschränkenden unbewussten Gedanken bewusst machen, in die Achtsamkeit holen und daran arbeiten, um eine klare Sicht auf die Dinge zu entfalten und auch, um damit sichtbar zu werden als Person. Viel zu oft negieren wir Anteile unserer selbst, weil wir denken, sie dürfen nicht sein und wenden viel Kraft und Zeit auf, um ein Bild von uns selbst vor uns und anderen aufrechtzuhalten. Diese Widerstände aufzulösen und anzuerkennen bzw. anzunehmen, was ist, kann sehr heilend sein und unheimlich viel Energie freisetzen – weil du diese nicht mehr dazu benutzen musst, um dir selbst etwas vorzumachen oder um Angst zu haben, was andere von dir denken.

Beim Benennen kannst du auch nachspüren, wie sich die Emotion in deinem Körper und in deinem Geist zeigt: Fühlst du dich steif, ist dir warm, bist du zappelig, kitzelt es in deinen Zehen? Wo spürst du die Emotion? Hältst du die Luft an? Verspannst du die Schultern? Je achtsamer du gegenüber diesem Zusammenspiel von Körper und Geist bist, desto besser wirst du auch psychosomatische Reaktionen erkennen und erklären können und ihnen somit auch gelassener begegnen.

Mit etwas Übung bemerkst du dann, dass du die Schultern hochziehst, bevor der Spannungskopfschmerz da ist, und kannst dich liebevoll daran erinnern, körperlich gut für dich zu sorgen und gelassen durch diese Episode zu gehen, statt dich zusätzlich mit hausgemachtem Stress und Verkrampfungen zu belasten.

Vielleicht möchtest du es direkt ausprobieren: Benenne dein aktuell dominantes Gefühl.

- Fällt es dir leicht, dies auszumachen und zu benennen?
- Wie fühlt es sich an, wenn du die Formulierung „Ich bin […]" wählst?
- Wie fühlt es sich an, wenn du „Da ist […]" sagst?
- Von welcher Variante fühlst du dich instinktiv mehr angesprochen und warum?

- Fällt es dir leichter, dich nicht mit dem Gefühl zu identifizieren, wenn du die zweite Formulierung nutzt?

Du kannst auch wieder dein Achtsamkeitstagebuch hervorholen und ein kleines Stimmungsbarometer für die nächste Woche anlegen. Dort markierst du mit Farben, Worten oder kleinen Symbolen, wie deine Stimmung morgens, vormittags, mittags, nachmittags und abends war. Diese Auflistung kann dabei helfen, sich bewusst zu machen, dass alles im Fluss ist und dass zwar auch die schönen Dinge enden, aber dafür auch negative Emotionen nie von Dauer sind.

→ Die Metta-Meditation

Eine wohltuende Meditation, um einen achtsamen und liebevollen Umgang mit sich selbst zu erlernen, ist die Metta-Meditation. Bei dieser Meditation – metta steht für loving kindness – konzentrierst du dich auf eine wohlwollende Haltung allen Lebewesen gegenüber. Dies gilt auch für die Person, der wir meist am härtesten und unnachgiebigsten begegnen – uns selbst.

Die Metta-Meditation hat ihren Ursprung im Buddhismus; du kannst sie aber natürlich auch anwenden, wenn du einer anderen Glaubensrichtung oder keiner Religion angehörst, da sie frei von religiösen Anteilen ist.

Setze dich in deine bevorzugte Meditationshaltung und komme mit ein paar bewussten Atemzügen in deinem Sitz an. Dann beginnst du, zunächst für dich selbst, dann für andere Lebewesen liebevolle und wohlwollende Sätze zu sagen. Diese kannst du innerlich sprechen oder auch laut – ganz, wie es sich für dich richtig anfühlt. Es existieren verschiedene Versionen der Sätze und du kannst sie auch an dich und deine Bedürfnisse anpassen. Sehr beliebt ist folgende Version:

„Möge ich glücklich sein.
Möge ich mich sicher und geborgen fühlen.
Möge ich gesund sein.
Möge ich unbeschwert und mit Leichtigkeit

durchs Leben gehen."

Wenn du diese Sätze für dich rezitiert hast, kannst du dir eine Person oder ein Tier vorstellen, dass du sehr gerne magst, etwa deinen Liebsten oder deinen Hund. Richte dann diese Sätze an dieses Lebewesen. In der nächsten Runde kannst du an Leute denken, die dir weniger lieb sind. Anschließend kannst du allumfassend an alle Lebewesen auf diesem Planeten denken.

Diese liebevolle Zuwendung, die du nicht nur anderen, sondern zuallererst auch dir zuteilwerden lässt, kann dir helfen, eine Kraftquelle aus dir selbst heraus zu entwickeln und eine liebevolle Haltung zu kultivieren. Wenn du dir selbst voller Wärme und Zuneigung begegnest, wirst du weniger abhängig von außen sein und eine innere Sicherheit aufbauen, die dir auch dabei helfen kann, zu agieren, anstatt nur passiv auf andere zu reagieren.

Kleiner Moment der Selbstreflexion:
- Wie fühlt es sich an, wenn du dir diese Sätze selbst sagst?
- Welche Körperempfindungen bemerkst du? Welche Emotionen und Gedanken steigen in dir auf?
- Fällt es dir leichter, sie an andere zu richten?
- Wenn ja, warum?
- Bemerkst du eine Veränderung, nachdem du sie dir einige Tage nacheinander gesagt hast?
- Kannst du sie möglicherweise leichter annehmen?

Die Metta-Meditation kann dabei helfen, mehr Verbundenheit mit dir selbst zu schaffen, was die perfekte Grundlage ist, um dich auch deinen Wünschen und Träumen gegenüber zu öffnen. Dadurch, dass du achtsamer durchs Leben gehst und viel mehr von deinem Inneren und Äußeren mitbekommst, kann es gut sein, dass auch deine eigene Kreativität einen Schub bekommt.

Wenn du dir mittels deiner Achtsamkeitspraxis schon etwas mehr Gelassenheit und Verbundenheit im Umgang mit dir selbst schenken konntest, dann darfst du dich auch trauen, deine eigene Größe wahrzunehmen. Sich etwas zuzutrauen, fällt oftmals gerade Frauen schwer, da sie dazu angehalten wurden, bescheiden zu sein und das eigene Leben darauf auszurichten, sich für andere einzusetzen - sei es in einem sozialen Beruf, als Elternteil, Partnerin oder pflegender Angehöriger.

Wenn wir so damit beschäftigt sind, die Wünsche und Träume anderer auszuleben und unsere Bedürfnisse zurückstellen aufgrund von unseren Kindern, der Karriere des Partners, pflegebedürftiger Angehöriger oder der allgemeinen sozialen Erwartungen an uns als Person, dann ist kein Raum dafür, achtsam mit uns selbst in Kontakt zu gehen.

Vielmehr neigen wir dann dazu, uns Träume nicht zu erlauben, weil sie uns zu groß erscheinen, nicht altersangemessen oder zu verwegen. Wir verschließen uns einem Teil und halten die Schranken meist mit einer solchen Wucht dicht, dass wir erstaunt sind, wie befreiend es sich anfühlen kann, wenn wir diese Kraftanstrengung aufgeben.

Gönne dir daher im Alltag bei Entscheidungen immer mal wieder einen achtsamen Moment. Atme durch und frage dich, warum du etwas tust und wie du dich damit fühlst.

So kannst du immer leichter erkennen, was deines ist und was du übernommen hast und achtsam mit deinen Bedürfnissen leben.

Typische Fallen dafür sind Situationen, in denen du Anerkennung vor allem im Außen suchst oder den inneren Kritiker zu übermächtig werden lässt. Nimmst du aber immer wieder eine innere Bestandsaufnahme vor, dann kannst du diese Entwicklungen frühzeitig erkennen und in positivere Bahnen lenken. Deine Gefühle und Stimmungen werden so zu wertvollen Richtungsgebern, anstatt als nervige oder angsteinflößende Monster hinter inneren Schranken darauf zu lauern, über dich hereinzubrechen.

- Welchem Gefühl möchtest du mit mehr Achtsamkeit begegnen?

- Welche Träume könnten einen bewussteren Umgang vertragen?
- Was tut dir wirklich gut?
- Wie kannst du gut für dich sorgen und den Kontakt mit dir aufrechterhalten?

Achtsamkeit bei Krankheit, Trauer und anderen Krisen

Achtsamkeit zu kultivieren ist schon eine echte Aufgabe, wenn es uns gut geht und wir in unserer Kraft stehen.

Achtsamkeit bei Krankheit, Trauer und anderen Krisen ist mitunter noch ein wenig herausfordernder, weil es ein wenig Disziplin verlangt, weiterhin zu üben und seine Praxis fortzuführen, auch wenn man sich nicht wohlfühlt.

Viele von uns beginnen ohnehin erst, sich mit dem Thema auseinanderzusetzen, wenn im eigenen Leben etwas nicht stimmt und das ganze Sein etwas ins Stocken geraten ist.

Wenn der Körper plötzlich nicht mehr funktioniert oder die Seele streikt, dann kann Achtsamkeit uns dabei prima unterstützen, den Ursachen dafür auf den Grund zu gehen und einen liebevollen und zugewandten Umgang mit uns selbst zu entwickeln.

Oftmals reagieren wir auf Negatives mit reiner Abwehr. Wir wollen keine Schmerzen, ganz gleich, ob es sich um körperliche oder seelische handelt. Wir versuchen, sie kleinzureden, zu ignorieren, sie durch übertriebene Fröhlichkeit oder blinden Aktionismus zu überspielen, wir ziehen uns zurück oder wir greifen zu diversen Vermeidungs- oder Betäubungstechniken, etwa zu sozialer Isolation, dem Missbrauch von Alkohol, Süßigkeiten, Fernsehen oder Einkaufen.

→ Gefühle zulassen

Achtsamkeit bei Trauer oder Angst kann enorm dabei helfen, diese Gefühle, die wir oft so hartnäckig zu unterdrücken versuchen, anzunehmen, ohne von ihnen übermannt zu werden. Wenn sie sein dürfen und wir bereit sind, sie als Teil unseres Lebens zu akzeptieren, der jetzt seine Berechtigung hat, aber wie alles andere endlich sein wird, dann haben wir die Chance, die jeweilige Situation zu verarbeiten.

Setze dich hin und lasse das Gefühl ganz bewusst in dir aufsteigen. Versuche, dich nicht dafür zu bewerten und Emotionen (wie Scham oder Frustration) außen vor zu lassen. Schaue dir stattdessen dein Gefühl an. Nimm es wahr und erlaube dir, das zu fühlen, was du fühlst – du tust es ohnehin, ganz gleich, wie du dich gern hättest und was gesellschaftlich akzeptiert ist.

Du kannst das Gefühl wahrnehmen, es anerkennen, aber du musst dich nicht davon überwältigen und leiten lassen. Nachdem du dir das Gefühl mit all seinen Auswirkungen angeschaut hast, frage dich, ob du bereit bist, es loszulassen oder ob du erst noch etwas tun musst, bevor es ziehen kann. Das ist besonders hilfreich, wenn du gefühlt immer wieder in die gleichen Situationen kommst oder durch die gleichen Dinge getriggert wirst.

Marie beispielsweise wird schnell neidisch, etwa wenn sie ihrer Nachbarin Gabi zuhört, und schämt sich dann dafür, weil sie findet, dass Neid ein hässlicher Zug ist. Diese Scham lässt sie dann nicht los. Wenn sie sich fragt, was sie tun kann, um sich zu erlauben, loszulassen, dann verliert die ganze Problematik ihren bedrohlichen Klammergriff.

Wenn es dir nicht gelingt, etwas dauerhaft loszulassen, kannst du dich selbst auch dazu einladen, ganz im Kleinen zu beginnen. Frage dich, ob du die Situation jetzt, nur in diesem Moment loslassen kannst, um dich etwas anderem zu widmen. Falls dies noch nicht der Fall sein kann, gehe noch einmal in das Gefühl und spüre nach, bevor du dir erneut das Angebot machst.

Dadurch, dass du dir absichtlich Zeit für deine „hässlichen" Gefühle nimmst und auch ihnen mit liebevoller Achtsamkeit begegnest, nimmst du dich als ganze Person mit all deinen Stärken und Schwächen an und gibst deinem Innenleben den nötigen Raum für Heilung und Weiterentwicklung.

→ Nährendes Licht von innen – die Sonnenmeditation

Sich mit starken Emotionen auseinanderzusetzen, Trauerarbeit zu leisten oder Enttäuschungen zu verarbeiten, ist anstrengend. Gerade deshalb ist ein achtsamer Umgang mit negativen Gefühlen auch immer ein sehr sanfter und liebevoller Umgang.

Schenke dir immer wieder kleine Auszeiten, in denen du dich bewusst von innen stärken kannst. Mache dazu eine kleine Sonnenmeditation. Nimm deine Meditationshaltung ein und atme ein paar Mal tief ein und aus, um in deinem Sitz anzukommen. Dann gehe gedanklich zu einem Moment in deinem Leben, in dem du dich von ganzem Herzen geliebt gefühlt hast – vielleicht als deine Mutter dir den Kopf gestreichelt hat oder als deine Tochter dich das erste Mal angestrahlt hat. Fokussiere dich ganz auf diese Erinnerung und rufe sie dir so detailreich wie möglich ins Gedächtnis.

Lasse das gute warme Gefühl des Geliebtwerdens wie einen Sonnenstrahl in dein Herz dringen und von dort aus in deinen restlichen Körper strömen, bis du komplett von Licht und Liebe durchflutet bist.

Lasse gedanklich dieses Strahlen aus deinem Körper heraustreten, bis dich eine strahlende Glückshülle umgibt. Diese kann dir ein gedanklicher Schutz sein, wenn du dich wund und erschöpft fühlst. Sie kann dir dabei helfen, all das Gute, das trotzdem in deinem Leben ist, wahrzunehmen, um daraus Stärke zu ziehen.

→ Body-Scan

Der Body-Scan ist eines der populärsten Werkzeuge in der Achtsamkeitspraxis und wunderbar dafür geeignet, sich seiner selbst bewusst zu werden, mit sich in Kontakt zu treten und sich zu erden.

Wenn du dir völlig konfus vorkommst, du gar keinen Bezug mehr zu dir selbst hast oder du vor Kummer ganz matt bist, dann ist diese unkomplizierte Übung perfekt, um ganz einfach Kraft zu schöpfen und eine Verbindung zu dir selbst aufzubauen.

Am besten ist es, wenn du dich für den Body-Scan in eine angenehme Rückenlage begibst. Lege dir auch gerne eine Decke bereit, falls dir kühl werden sollte. Nachdem du eine bequeme Position gefunden hast, halte in deinen Bewegungen inne und gehe nur gedanklich deinen Körper ab - so, als würdest du mit einem Scanner von einem Körperteil zum nächsten gehen.

Es gibt geführte Scans, die dich dabei anleiten, zu den einzelnen Partien deines Körpers hinzuspüren. Diese sind prima, wenn es dir noch schwerfällt, dich längere Zeit zu fokussieren, da sie dich mit den Anweisungen immer wieder sanft zu deinem Körper und dem Scan-Vorgang zurückführen.

Wenn du lieber in deinem eigenen Tempo vorgehst, kannst du auch einfach selbst deine einzelnen Partien gedanklich abwandern. Starte beispielsweise an den Zehen deines rechten Fußes und versuche, jede einzelne Zehe, die Zwischenräume und die Spitzen gedanklich anzusteuern. Dann wanderst du hoch zu deinen Ballen, dem Spann und der Sohle bis zur Ferse. Fühle, wo dein Fuß auf der Unterlage aufliegt und wie sich der Knöchelbereich anfühlt.

Dann kannst du gedanklich den Unterschenkel hinaufwandern bis zum Knie und der Kniekehle, dem Oberschenkel und dann am linken Fuß starten, bis du am Rumpf ankommst. Spüre, wo dein unterer Rücken aufliegt und wie sich dein Becken anfühlt, dein Bauch, dein Rücken, deine Schultern, dein Brustbereich.

Als Nächstes kannst du die Arme einzeln spüren bis zu den Händen, bevor du dir die Hals- und Kopfregion vornimmst. Abgeschlossen wird der Scan mit einem Ganzkörper-Spüren, bei dem du versuchst, alle gedanklich abgescannten Stellen zeitgleich in dein Bewusstsein zu holen.

Es kann sein, dass du zu Beginn der Übungen gar nichts spürst. Auch Gefühle von Langeweile, Frust oder auch Unsicherheit, ob du denn alles richtig machst, sind ganz normal. Akzeptiere das, was du fühlst und mache einfach weiter. Mit der Zeit wirst du ein immer besseres Gespür für dich und deinen Körper bekommen und auch auf kurze Empfindungen (wie ein Jucken, ein Zucken oder Ziehen) gelassener reagieren.

Gerade in Krisen halten wir viel mit unserem Körper fest, reagieren psychosomatisch und können dadurch zusätzlich belastet werden. Oder wir fühlen uns ganz taub und spüren keine Verbindung mehr zu uns selbst. Sich selbst dabei zu beobachten, dass man nicht mehr auf jede Sache sofort reagiert und reagieren muss, kann sehr befreiend sein und einen dabei unterstützen, selbstständig zu agieren und frei zu entscheiden, was jetzt an der Reihe ist und wie gehandelt werden kann, um sich selbst gutzutun.

→ Selbstmassage

Besonders dann, wenn wir traurig oder ängstlich sind, sehnen wir uns danach, umsorgt zu werden. Nicht immer ist es aber möglich, so gehegt und gepflegt zu werden, wie wir das gerade brauchen – zumindest durch andere. Wir selbst können uns bedingungslose Liebe und Zuwendung schenken. Das mag sich für manche komisch anhören, insbesondere dann, wenn sie gelernt haben, Krisen mit Härte gegen sich selbst durchzustehen.

Philipp aus unserem Beispiel begegnet der vergifteten Stimmung bei der Arbeit damit, dass er sich noch mehr in seinen Aufgaben vergräbt, voller Strenge, um sein Ziel zu erreichen. Eine sanfte Form der Zuwendung kommt ihm fremd, vielleicht sogar gekünstelt vor, obwohl er durch seine Tätigkeit weiß, wie wohltuend es sein kann, von liebevollen Händen versorgt zu werden.

Gönne dir daher in regelmäßigen Abständen eine Selbstmassage. Auf diese Weise zeigst du deinem Körper nicht nur, dass du ihn wahrnimmst und annimmst, sondern du schenkst dir auch die Möglichkeit, Stress loszulassen und ein paar ruhige Minuten mit dir selbst zu zelebrieren, in denen das Augenmerk ganz auf deinem Wohlbefinden liegt. Du findest im Internet zahlreiche Anleitungen für eine kurze Gesichts-, Hand- oder Fußmassage, die du unkompliziert in deinen Alltag integrieren kannst. Wenn du nur wenig Zeit hast, kannst du auch einfach das Eincremen nach dem Duschen dazu nutzen, eine bewusste Berührung einzubauen, während du die Creme achtsam einmassierst.

Hast du etwas mehr Zeit, sprich gezielt alle deine Sinne an. Wärme beispielsweise eine gut duftende Lotion oder ein Massageöl zwischen deinen Händen und nimm dann bewusst wahr, wie sich die Berührung wo anfühlt, welche Gerüche du wahrnimmst, ob sich deine Hände kühl oder warm anfühlen, ob und wie deine Muskeln sich entspannen und wie du atmest.

Check-in mit dir selbst

Insbesondere dann, wenn du beginnst, dich der Achtsamkeit zu öffnen, ist es hilfreich, immer mal wieder festzustellen, wie es nach einiger Zeit um die Achtsamkeit in den einzelnen Bereichen bestellt ist. Bemerkst du Schwierigkeiten, frage dich, warum und wie dir das Leben von Achtsamkeit hier erschwert wird. Die Gründe für unachtsames Verhalten können vielfältig sein: Gewohnheiten, tiefliegende Überzeugungen, Stress, aber auch vermeintliche Schutzfunktionen.

Versuche, Gründe zu finden, warum die Achtsamkeit erwünscht ist und lade sie bewusst in dein Leben ein. Nähere dich Anleitungen zu Übungen oder Trainings zu den einzelnen Themen mit einer spielerischen Offenheit und achte immer darauf, was sich für dich gut anfühlt. Nicht jede Technik muss gerade zu deinem Leben passen und es ist vollkommen in Ordnung, wenn du eine individuelle Auswahl triffst.

Achtsamkeit nimmst du so als Prozess wahr – nicht als weiteres Druckmittel oder weiteren Punkt auf deiner To-do-Liste.

Wichtig ist: Du kannst deine Aufmerksamkeit schärfen und deine Achtsamkeit stärken. Du kannst entscheiden, wohin du deine Aufmerksamkeit richten möchtest. Natürlich kannst du nicht immer achtsam sein und selbst wenn du gut und regelmäßig übst, wirst du immer mal wieder abgelenkt oder von Gedanken oder Empfindungen aus dem Konzept gebracht. Das ist vollkommen normal! Entscheidend ist, sich davon nicht verunsichern oder entmutigen zu lassen, sondern mit liebevoller Führung immer wieder für ein neues achtsames Ausrichten der eigenen Gedanken zu sorgen.

Du wirst immer schneller bemerken, ob und wohin du gedanklich abschweifst, und kannst so auch immer besser darauf reagieren und dich wieder ins Hier und Jetzt zurückbringen.

Versuche, das Ganze als Prozess zu sehen, bei dem du dich immer wieder neu ausprobieren und kennenlernen darfst.

Als zuverlässiges Hilfsmittel und Anker steht dir dabei dein Atem zur Verfügung, den du in jeder Situation dazu nutzen kannst, dir deiner selbst bewusst zu werden. Kannst du dich auf deinen Atem konzentrieren, kehrst du gedanklich ganz von allein zu dir und deinem Körper zurück. Mache die Luftballon-Übung – das geht auch ganz unauffällig im Stehen in der Bahn, wenn du dir sacht eine Hand an den Bauch legst und dann nach ein paar Atemzügen neu in dein Abenteuer Leben startest.

Achtsames Miteinander mit anderen Menschen

Nicht nur im Umgang mit uns selbst ist Achtsamkeit eine wichtige und wertvolle Ressource, sondern auch, wenn wir mit den Menschen, die unser Umfeld ausmachen, in Kontakt treten.

Wir selbst wissen alle, wie unangenehm es sich anfühlen kann, wenn jemand unachtsam mit uns umgeht. Wenn etwa jemand nicht achtsam mit unserer Zeit umgeht und uns warten lässt. Wenn wir etwas Wichtiges erzählen und bemerken, dass die Augen des Gegenübers immer wieder auf das Display vom Smartphone wandern. Wenn wir mit der Kollegin reden und sie mitten im Gespräch ins Gespräch des anderen Grüppchens in der Teeküche rüber springt, weil sie uns scheinbar doch nicht wirklich zugehört hat. Wenn wir unser Herz ausgeschüttet haben, auf eine Reaktion warten und das Gegenüber mit einem „Was hast du doch gleich gesagt?" zeigt, dass es mit den Gedanken ganz woanders war. Oder wenn dir jemand die Tür vor der Nase zufallen lässt, dir das Wort abschneidet, nur sein Ding durchzieht und du funktionieren sollst, ohne jeglichen Versuch, dich und deine momentane Verfassung einzubeziehen.

Diese Art, nicht gesehen, nicht gehört zu werden kann sich schrecklich anfühlen – insbesondere dann, wenn es uns des Öfteren passiert oder wir gerade ohnehin eine schwere Zeit erleben. Klar, ist dein bester Freund gerade frisch verliebt oder leidet dein Bruder unter Liebeskummer, wirst du es ihnen kaum krummnehmen, wenn sie nicht ganz bei der Sache sind. Aber im Alltag mit Menschen, die dir wichtig sind – da bekommt das einen ganz unschönen Anstrich.

Schnell entsteht der Eindruck, man wäre es nicht wert, angehört, gesehen zu werden, seine Meinung zu sagen, die eigenen Wünsche und Interessen zu vertreten, Dinge auf die eigene Art zu machen. Die anderen erscheinen unhöflich oder grob, wenig einfühlsam oder gehetzt, einschüchternd oder kühl, aber auf jeden Fall wenig sympathisch und vertrauenerweckend.

Meist ist eine negative Reaktion zu erwarten, entweder defensiv, indem du dich zurückziehst oder dich anpasst oder aber aggressiv, indem du konterst, dein Gegenüber herausforderst oder anderweitig probierst, auf dich aufmerksam zu machen.

- Fallen dir Situationen ein, in denen du dir einen achtsameren Umgang mit dir gewünscht hättest?
- In welcher sozialen Situation ist dies vorgekommen?
- Tritt ein unachtsames Verhalten regelmäßig auf durch eine bestimmte Person?
- Was hat diese Person getan oder auch nicht getan, was dir unachtsam vorkam?
- Wie hast du darauf reagiert?
- Wie hätte sich die Situation besser entwickeln können?
- Wie hätte sich die andere Person, wie hättest du dich verhalten können, um Achtsamkeit zu erzeugen?
- Welche Person fällt dir ein, die sehr achtsam ist?
- Woran merkst du das?
- Wie steht es um dich, wenn es um Achtsamkeit in der Partnerschaft geht?
- Wie verhält es sich, wenn du an deine Kinder denkst?
- Wie präsent ist Achtsamkeit in deinen anderen sozialen Rollen, als Tochter, als Schwester, als Freundin, Vorgesetzte, Nachbarin, Kollegin, Ehrenamtlerin, Bekannte?

Wenn du einen achtsamen Umgang mit dir selbst bereits etablieren konntest, kann es sein, dass dir ein achtsames Miteinander in Beziehungen wesentlich leichter fällt. Aber auch, wenn du erst dabei bist, dich dem Konzept Achtsamkeit ganz neu zu nähern, kannst du damit beginnen, auch diesen Bereich deines Lebens achtsamer anzugehen.

Welche drei Stichworte fallen dir spontan ein, wenn du an Achtsamkeit und folgende Beziehungen in deinem Leben denkst?

Achtsamkeit

— in der Partnerschaft _____

— in der Kinder-Eltern-Beziehung _____

— in deiner Rolle als Tochter/ Enkelin _____

— als Freundin _____

— als Bekannte _____

— als Nachbarin _____

— als Kollegin _____

— Ehrenamtliche/Vereinsmitglied _____

Schau dir deine Antworten ganz in Ruhe an und lass sie auf dich wirken. Was fällt dir auf? Kristallisieren sich bestimmte Beziehungen heraus, in denen es dir besser gelingt, achtsam zu sein? Gibt es Verbindungen, bei denen du dringend etwas ändern möchtest?

Das Praktizieren von Achtsamkeit kann zu einem gesunden Klima in der Familie beitragen und auch dabei helfen, das Miteinander bewusster und liebevoller zu gestalten und zu erleben.

Praktizieren wir Achtsamkeit, senkt sich nicht nur unser Stresslevel, wodurch wir umgänglicher und verständnisvoller im Umgang sind. Durch die sieben Säulen ist es für uns auch leichter, Mitgefühl mit dem Gegenüber zu entwickeln und bewusst wahrzunehmen, sich in den anderen hineinzuversetzen und so gut auf ihn einzugehen. Wir können kooperativer sein, ohne dabei den Bezug zu uns selbst zu verlieren oder unsere Bedürfnisse hintenanzustellen.

Zeigen wir dabei Wertschätzung und Präsenz uns selbst und unseren Mitmenschen gegenüber, wirkt sich das nicht nur auf unsere eigene Stimmung, sondern auf die gesamte Atmosphäre aus. Dabei ist es nicht mal wichtig, ob die anderen mitmachen oder „den Achtsamkeitskram" eher seltsam finden – denn du wirst dich besser fühlen bei dem was du tust und dies auch nach außen ausstrahlen und garantiert auch entsprechende Reaktionen erzeugen.

Hast du Menschen in deinem Umfeld, die Achtsamkeit als esoterisches Gedöns abtun und dem Ganzen eher skeptisch gegenüberstehen, akzeptiere das, mache aber trotzdem mit den Sachen weiter, die für dich funktionieren. Wenn dein Gegenüber zu einem Gespräch bereit ist, kannst du erklären, warum du was tust und was du dir dabei denkst. Ist jemand aber voreingenommen, dann lenke deine Kraft und Aufmerksamkeit wieder auf dich und deine Bedürfnisse. In solchen Situationen wirkt aktives Vorleben oft deutlich besser, als wenn du dir den Mund fusselig redest.

Achtsamkeit in der Familie

Gesunde Beziehungen durch ein achtsames Miteinander – das ist etwas sehr Wertvolles, das du deiner Familie schenken kannst. Legst du Wert darauf, dass gegenseitig auf die jeweiligen Bedürfnisse der Familienmitglieder geachtet wird, sich alle Mitglieder und auch die gemeinsame Zeit schätzen und achtsam mit ihr umgehen, ist dies ein gutes Vorbild für deine Kinder.

Euer Miteinander daheim wird von weniger Stress und tieferen Verbindungen geprägt sein; der Nachwuchs profitiert durch einen Zuwachs an sozialer Kompetenz und einem besseren Umgang mit Angst und Trauer sowie anderen starken Emotionen und Empfindungen.

Der erste Schritt für einen achtsamen Umgang in der Familie klingt so banal und ist doch so wichtig: Den Kindern Achtsamkeit schenken! Um ihnen Achtsamkeit beibringen zu können, ist es ganz wichtig, dass sie im Familienalltag am eigenen Leib erfahren, wie es ist, achtsam behandelt zu werden – ganz gleich, wie alt sie sind. Auch die Kleinsten können schon Unterschiede im Umgang mit ihnen bemerken und freuen sich darüber, wenn die Eltern ihnen wirklich ihre volle Aufmerksamkeit schenken, statt sie nebenbei „abzufertigen".

Das heißt aber nicht, dass du zur Übermutter mutieren musst. Du kannst auch deinem Nachwuchs erklären, dass ihr euch alle um einen achtsamen Umgang bemüht, es aber vollkommen normal ist, wenn man mal strauchelt oder Fehler macht.

Probiere, altersgerechte Achtsamkeitsübungen in den Alltag einzubauen. So lernen deine Kinder von klein auf, sich immer mal wieder ein paar Minuten am Tag Zeit zu nehmen, um sich zu erden und die Achtsamkeit neu auszurichten.

Übst du mit ihnen im ruhigen Rahmen Achtsamkeitstechniken ein, können sie diese auch selbst in schwierigen Situationen anwenden, etwa vor einem Auftritt im Kindergarten oder vor einer Mathearbeit.

Somit bekommen sie von dir ein tolles Werkzeug an die Hand, welches ihnen bei Stress helfen kann und sie auch darin unterstützen wird, ihre Emotionen zu regulieren. Zwar sind Kinder gerade im jüngeren Alter kleine Meister darin, im Hier und Jetzt zu verweilen und ganz in einer Sache oder Tätigkeit zu versinken – doch auch sie wachsen in ein Leben mit Terminen und Verpflichtungen hinein. Werden sie von klein auf mit Achtsamkeit konfrontiert, können sie sich den Zugang zum Leben in der Gegenwart bewahren und müssen diesen nicht später im Alter wieder mühsam lernen herzustellen.

→ Kinderyoga

Yoga ist auch für Kinder geeignet, wenn die Übungen altersgerecht erklärt werden. Im Internet finden sich viele Anleitungen, bei denen die Übungen in eine Mitmach-Geschichte eingebettet sind. Während du die Geschichte erzählst, nehmt ihr die verschiedenen Positionen ein und die Kinder können sich so auf ganz spielerische Art dem Thema nähern.

Dabei ist es gerade bei den Kleinsten weniger wichtig, die Asanas (Haltungen) perfekt auszuführen. Vielmehr geht es darum, den Spaß daran zu vermitteln, sich achtsam mit seinem Körper auseinanderzusetzen. Oftmals findet kindliche Bewegung im wilden Spiel oder im Wettbewerb statt. Die Aufmerksamkeit ist also nach außen gerichtet.

Beim Yoga geht der Blick nach innen. Es wird nicht verglichen – was gerade für schüchterne Kinder sehr befreiend sein kann.

Sind die Kinder schon etwas älter, kannst du ihnen auch zeigen, wie sie die Atmung und Bewegung aufeinander abstimmen können. Hat dein Kind viel Freude an den Einheiten und möchte es mehr ausprobieren, halte einfach mal Ausschau nach einem Yoga-Kurs für Kinder. Diese werden mittlerweile für verschiedene Altersstufen angeboten und gehen gezielt auf die besonderen Bedürfnisse der kleinen Teilnehmer ein.

→ Spielerische Atemübungen

Sich mit dem eigenen Atem auseinanderzusetzen, ist nicht nur hilfreich, es kann auch richtig Spaß machen. Die meisten Kinder probieren gerne neue Dinge aus und erfreuen sich daran, wenn sie bemerken, was ihr Körper alles kann. Gehört dein Nachwuchs eher zu der unruhigen Fraktion, kann es helfen, die Atemübungen genau wie das Yoga über eine Geschichte zu vermitteln und dabei ganz nebenbei auszuprobieren.

Setze dich mit deinem Kind an einen ruhigen Ort und bitte es, sich die Wellen an einem Strand vorzustellen. Mit dem Heranrollen der Welle atmet das Kind ein, mit dem Wegfließen der Welle atmet das Kind aus. Halte die Übungen zu Beginn relativ kurz, damit sich dein Nachwuchs an diese Form gewöhnen kann und erhöhe die Länge Stück für Stück.

Nach der Übung kannst du dir von deinem Kind erzählen lassen, was es gefühlt hat. Viele Kinder erforschen gerne Veränderungen, die sie an sich und anderen wahrnehmen. Ihr könnt auch ein Kleidungsstück als Forscherausstattung benennen, etwa eine

Mütze. Wenn das Kind diese aufsetzt, dann aktivert ihr den Anfänger-, den Forschergeist und lasst euch auf ein neues Abenteuer ein.

Um deinem Nachwuchs das Atmen bewusster werden zu lassen, kannst du auch verschiedene Hilfsmittel zur Hand nehmen. Für langsameres Ausatmen könnt ihr Seifenblasen verwenden. Um den Rhythmus bewusst werden zu lassen, halte ein dünnes Papiertaschentuch vor den Atemstrom und lass dein Kind verfolgen, wie es sich bewegt. Ihr könnt euch auch ein kleines Kuscheltier auf die Bäuche legen, wenn ihr in Rückenlage ein- und ausatmet und dabei beobachten, wie sich das Kuscheltier hebt und senkt. Aufgeregte Minis können so aktiv miterleben, wie sich Teddy immer sanfter bewegt, wenn sich der Atem beruhigt.

→ Den Körper spüren

Es gibt zahlreiche Möglichkeiten, Kontakt zum eigenen Körper aufzubauen. Wenn dein Kind sehr bewegungsfreudig ist, nutze am besten Techniken, bei denen es einiges an Action gibt: Bitte es, zu hüpfen und frage, wo im Körper das Hüpfen spürbar war? An den Füßen bei der Landung? In den Beinen, beim Hochziehen? Wo spürt es etwas, wenn es fest in die Hände klatscht? Ist das Geräusch am dominantesten oder die Wärme, die in die Hände strömt?

Ist dein Kind schon älter und verschluckt sich nicht mehr leicht, kannst du auch die Rosinen-Übung ausprobieren oder eine kurze Form der progressiven Muskelentspannung anbieten. Die ist super, wenn dein Kind stark unter Strom steht und Schwierigkeiten beim Loslassen hat.

→ Fokussieren mit Stirnlampe und Vergrößerungsglas

Das achtsame Konzentrieren auf eine Sache können auch schon Kinder üben. Beachte dabei bitte, dass die Aufmerksamkeitsspanne erst mit dem Alter zunimmt und die Übungseinheiten entsprechend kurz sein sollten.

Stellt euch gemeinsam vor, dass ihr wie ein Forscher eine Stirnlampe am Kopf tragen würdet, mit der ihr etwas vor euch ganz genau ausleuchten könnt. Bitte dein Kind, sich einen Gegenstand auszusuchen und ihn so genau wie möglich zu beschreiben, während du die Augen geschlossen hast. Anschließend musst du den Gegenstand ausfindig machen. Habt ihr ein Vergrößerungsglas zur Hand, könnt ihr auch mal einen Alltagsgegenstand genauer unter die Lupe nehmen und dabei zusammen erleben, was einem auffällt, wenn man seine Aufmerksamkeit auf eine Sache fokussiert.

Du kannst diese gelenkte Aufmerksamkeit mit deinem Kind auch im Alltag üben und es immer wieder auffordern, all seine Sinne zu nutzen, etwa bei einem Waldspaziergang oder beim Einkauf im Supermarkt.

→ Achtsamkeit Tag für Tag mit der Checkliste

Wenn deine Kinder schon zur Schule gehen, gefällt ihnen vielleicht auch eine Achtsamkeits-Checkliste, die ihr an den Kühlschrank pinnen könnt: Morgens, mittags und abends steht je eine kleine Achtsamkeitsübung an, die ihr als Familie macht, um für Regelmäßigkeit zu sorgen.

Morgens könnt ihr mit einigen Streck- und Dehnübungen in den Tag starten und mittags nach einem aufregenden Tag im Kindergarten mit der Ski-Atmung zur Ruhe kommen. Bitte dein Kind dafür, die Hand auszustrecken und einzuatmen, während es mit dem Zeigefinger der einen Hand am äußeren Finger der anderen Hand hochfährt. Es atmet aus, wenn es an der anderen Fingerseite wieder herunterstreicht und ein, wenn es den nächsten Finger hochfährt. Auf diese Weise kann dein Kind einen eigenen Rhythmus finden und auch ohne deine Hilfe immer wieder auf diese Unterstützung zur Regulierung des Atems zurückgreifen.

Abends bietet sich eine Runde Progressive Muskelentspannung an, um den Alltag hinter sich zu lassen oder ihr malt gemeinsam ein Bild für ein Glückstagebuch.

→ Traumreisen für die tiefe Entspannung

Schon Kindergartenkinder können das Meditieren lernen. Allerdings haben die Kleinen noch eine verhältnismäßig kurze Aufmerksamkeitsspanne und das Meditieren kann eine echte Herausforderung darstellen. Sie sind daher nicht für jede Situation und Stimmung geeignet.

Zur Förderung von Entspannung, aber auch der Konzentration sind Traumreisen eine großartige und kindgerechte Alternative zur klassischen Meditation. Traumreisen sind eine Form der Entspannungstechniken. Es handelt sich um Geschichten, die gezielt die Vorstellungskraft ansprechen, während die entspannende Story erzählt wird. Es wird in der Regel mit sehr klaren Bildern gearbeitet, die jeder vor seinem inneren Auge entstehen lassen kann. Auf diese Weise wird auch trainiert, bei sich zu bleiben und den Fokus zu halten.

Nicht alle Kinder können sich gleich zu Beginn auf diese neue Form des Zuhörens und Phantasierens einlassen, weshalb es am besten ist, wenn du zum Ausprobieren einen Zeitpunkt wählst, an dem die Kleinen körperlich gut ausgelastet, aber noch nicht übermüdet sind.

Im Internet und in der Literatur findest du viele schöne Anregungen und es gibt auch bereits aufgenommene Traumreisen, durch die ihr euch gemeinsam hindurchführen lassen könnt. Das ist besonders schön, wenn ihr dabei zusammen kuscheln mögt oder dein Kind die Traumreisen auch alleine abspielen möchte, etwa abends vor dem Schlafengehen oder um mittags eine kurze Pause einzulegen.

Höre dir die Aufnahme vorab einmal an, damit ihr in der Entspannung nicht aus Versehen von etwas überrascht werdet, was deinem Kind nicht behagen könnte. Teste auch aus, ob es Aufnahmen mit musikalischer Untermalung angenehmer findet oder nur eine Stimme bevorzugt.

Habt ihr eine gute Traumreise gefunden, macht es euch richtig gemütlich, am besten in Rückenlage, damit ihr frei und entspannt atmen könnt. Eine Decke schützt vor dem Auskühlen.

Sitzt dein Kind am Tisch, kann es auch den Kopf auf den Armen ablegen und so die Augen von äußeren Eindrücken abschirmen. Sind die Augen geschlossen, fällt es leichter, sich auf die Worte einzulassen und die Fantasie zu aktivieren.

Zu Beginn wird meist mit ein paar tiefen Atemzügen angefangen, um im Moment anzukommen, bevor die Geschichte startet. Nachdem dein Kind durch die Geschichte hindurchgeführt wurde, wird die Rückführung meist schon im Plot selbst angesprochen. Die Reise wird abgeschlossen und mit sanften Bewegungen, Recken und Strecken kommen die Kleinen wieder im Hier und Jetzt an.

Sprecht nach der Reise über das, was ihr euch vorgestellt habt und auch, wie ihr euch jetzt fühlt. Vielleicht fällt dem Nachwuchs auf, dass er jetzt ruhiger ist als vorher oder ganz prima in den Bauch atmen konnte. Versuche aber, keinen Druck aufzubauen. Kinder spüren oft schnell, wenn etwas Bestimmtes von ihnen erwartet wird und versuchen, dem zu entsprechen. Wenn es einen Tag gibt, an dem sich dein Kind nicht auf die Reise einlassen kann und traurig darüber ist, erkläre ihm, dass das vollkommen okay ist und es auch andere Formen der Achtsamkeit und Entspannung gibt, die ihr stattdessen ausprobieren könnt. So darf absichtsfrei geübt werden und der Erwartungsdruck schwindet.

Übrigens sind spezielle Achtsamkeitsübungen nicht nur für Familien mit kleinen Kindern interessant. Auch Jugendliche können dadurch lernen, besser mit Stress und Stimmungsschwankungen umzugehen und auch Empathie und Wohlbefinden werden dadurch gesteigert. Gerade Meditation und Yoga sind prima für Heranwachsende, um mit den Anforderungen von Schule, Ausbildung und Pubertät besser zurechtzukommen.

Sie werden in speziellen Teenie-Kursen für diese Altersgruppe vermittelt.

Veränderungen für mehr Achtsamkeit im Familienalltag

Neben gezielten Übungen könnt ihr auch durch einige kleine Änderungen im Alltag für mehr Achtsamkeitsmomente in eurem Familienleben sorgen, die nicht nur die Kinder, sondern auch alle erwachsenen Familienmitglieder ansprechen. Verbannt das Multitasking! Zum einen funktioniert es nicht, zum anderen stresst es euch und hindert euch daran, ganz im Moment mit den Kindern zu sein. Macht den Kleinen bewusst, dass ihr Aufgaben zu erledigen habt, aber auch feste Zeiten nur für sie einplant, in denen ihr euch ganz aufeinander konzentrieren könnt.

Trefft gemeinsame Absprachen, auch was die Art und Weise der zusammen verbrachten Zeit angeht. Schon die Kleinen können diese sehr gut nachvollziehen und sie mögen es, wenn auch ihre Wünsche und Bedürfnisse anerkannt werden und sie nicht mit Pseudo-Aufmerksamkeit zwischen Tür und Angel abgespeist werden.

→ Bewusst in den Tag starten

Versucht, eine bewusste Morgenroutine zu etablieren, bei der ihr alltägliche Handlungen (wie Frühstücken oder Waschen) mit besonderer Aufmerksamkeit absolviert. Kinder mögen das Erforschen alltäglicher Dinge und haben oft viel Spaß daran, aus Routinetätigkeiten etwas Besonderes zu machen, was mit allen Sinnen zelebriert wird.

Verzichtet dabei auf Ablenkungen durch einen laufenden Fernseher oder Smartphones am Esstisch und schafft so echte Familienzeit.

→ Den Alltag einfach halten

Haltet es einfach bei euch zu Hause: nicht zu viel Spielzeug, nicht zu viele Termine, nicht zu viele Freizeitaktivitäten. Die Kleinen sind oft mit wenig zufrieden, wenn du dafür ganz bei der Sache bist. Ein Zuviel an Auswahl – ganz gleich, ob es sich um Spielangebote, Spielzeug, Kleidungsstücke oder Snacks handelt – kann ebenso stressen wie ein vollgestopftes Kinderzimmer, das aus allen Nähten platzt.

Sorge für genug Raum, sowohl zeitlich als auch real, damit ihr Platz zum Atmen habt und Zeit, euch aufeinander und auf die jeweilige Aktivität einzulassen.

→ Achtsame Kommunikation

Schon kleine Kinder können sich an Kommunikationsabsprachen halten, wenn sie gut vorgelebt und immer wieder eingeübt werden. Lernt dein Kind, dass es bei dir gehört wird, und sagen kann, was es denkt, dann hat es so die Möglichkeit, im Austausch mit dir ein Bewusstsein für innere Prozesse zu schaffen und besser mit seinen Emotionen in Kontakt zu kommen.

Das vertrauliche Gespräch kann in einer ruhigen Minute stattfinden, gerne an einem Lieblingsort, an dem sich dein Kind sicher fühlt. Ältere Kinder mögen vielleicht auch ein Ritual damit verbinden, etwa das Zubereiten und Trinken einer Tasse Tee.

Für Alltagsgespräche am Küchentisch eignet sich ein Redestab prima – gerade, wenn du mehrere Kinder vor dir sitzen hast. Wer den Stab in der Hand hält – dabei kann es sich um eine dekorierte Küchenrollenpappe handeln oder einen Stecken aus dem Gartenhandel – darf sprechen. Die anderen hören zu. Dann wird der Stab weitergegeben.

Angelika stresst der Geräuschpegel zweier mitteilungsbedürftiger Kinder nach einem langen Tag sehr und obwohl sie es nicht mag, wird sie dann schnell ungerecht. Mit dem Redestab kann sie den Lärm minimieren und es kommt jeder zu Wort – super, um für Entspannung am Tisch zu sorgen.

→ Richtig zuhören und auf Augenhöhe sprechen

Bemühe dich im Gespräch mit deinen Kindern darum, wirklich verstanden zu werden und sie wirklich zu verstehen. Konkret kannst du darauf achten, eine altersgerechte Sprache zu wählen, auf doppelte Verneinung oder Fremdwörter zu verzichten und auch nachzufragen, was dein Mini verstanden hat. Bedenke auch, dass die meisten Kinder erst im Schulalter lernen, mit Ironie umzugehen. Verwende klare Botschaften, damit dein Gegenüber weiß, woran es ist.

Du selbst kannst ebenfalls kurz widerspiegeln, was du verstanden hast, wenn dein Kind mit dir redet. So machst du ihm bewusst, dass du aufmerksam zugehört hast und das, was es sagt, wirklich verstehen willst. Mache deutlich, dass du nicht nur aktiv zuhörst, sondern auch die Gefühle des Kindes nachvollziehen möchtest und nicht nur rein die Informationen aufnimmst. Dadurch fühlt sich dein Kind gesehen.

Du kannst die Minis auch mal in einer ruhigen Minute direkt fragen, was ihnen an der Art, wie in der Familie geredet wird, gefällt und was sie stört, und auch du darfst deine Wünsche und Bedürfnisse mitteilen.

Achtsamkeit in der Partnerschaft

Auch in der Partnerschaft kann Achtsamkeit unheimlich bereichernd sein – etwa dadurch, dass ihr euch wieder echte Aufmerksamkeit schenkt, ihr euren Kommunikationsstil verbessert und so mehr Nähe, Verständnis und Verbundenheit wachsen kann.

Es ist zwar total schade, aber gerade die Menschen, die wir am liebsten haben, werden in unserem Alltag oft zu Statisten, die wir als gegeben hinnehmen und denen wir, ohne es zu merken, immer weniger unserer wirklichen Aufmerksamkeit schenken. Verlässlichkeit, ein eingespieltes Team sein – Dinge, die eigentlich etwas ganz Besonderes sind, verleiten im Stress dazu, dass wir den anderen übersehen, uns in Routinen verlieren, die eigentlich mal Nähe schaffen sollten und uns so voneinander entfernen. Mit etwas mehr Achtsamkeit könnt ihr die Beziehung zwischen euch wieder stärken und euch etwas zurücknehmen aus dem Wirbel der heutigen Zeit, um Raum für euch zu schaffen.

→ Routinen wieder neu mit Gefühl beleben

Routinen sind etwas, das Sicherheit und Erleichterung in einem hektischen Alltag schafft. Sie schenken im besten Fall ein Gefühl der Geborgenheit, des Zu-Hause-Seins – gerade, wenn es sich um etablierte Zuneigungsbekundungen zwischen dir und deinem Partner handelt.

Jedes Paar hat solche Routinen: Das kann der sonntägliche Krimi-Abend sein, der immer zu zweit zelebriert wird oder der Abschiedskuss beim Verlassen des Hauses. Was ist nun aber, wenn der Kuss nebenbei geschieht, während du die Steuererklärung ausfüllst. Hast du etwas von dem Kuss mitbekommen? Sitzt ihr diesen Sonntag nebeneinander, weil ihr das halt so macht oder weil ihr beide Lust habt, jetzt zusammen ein wenig Unterhaltung zu genießen?

Nutze hier die Säulen des Anfängergeistes, der Geduld und des Vertrauens und probiere aus, was passiert, wenn du dich ganz auf dein Gegenüber konzentrierst. Statt eines flüchtigen Abschiedskusses lass dich auf den Kuss ein, wenn dir danach ist. Wenn ihr euch zur Begrüßung umarmt, versinke ganz in der Umarmung, statt schon zu klären, wer noch den Hund rausbringt und das Abendessen vorbereitet. Suche den Augenkontakt, wenn dein Partner heimkommt, gehe ihm entgegen. Konzentriere dich auf die Vorfreude, die da vielleicht wirklich in dir kribbelt, wenn du euer übliches „Ich freue mich auf dich!" sagst, statt nebenbei noch schnell die Kalkulation weiterzutippen.

Spüre hin, genauso bewusst, wie du es aus der Rosinen-Übung oder dem Body-Scan kennst. Werden die Routinen wieder neu mit Gefühl belebt, wandeln sie sich von leeren Gesten zu etwas Besonderem, was eure Zweisamkeit nährt. So lässt sich ganz unkompliziert und ohne großen Zeitaufwand Verbundenheit im Alltag herstellen, die sich den ganzen Tag positiv auf euch auswirken wird.

Gibt es bei euch Rituale oder Routinen, die du wieder mit mehr Gefühl, mehr Achtsamkeit füllen könntest? Wie könnte das aussehen?

Versuche, Erwartungen oder Forderungen dabei außen vor zu lassen und dich ganz auf den Moment zu konzentrieren, statt eine Reaktion oder eine veränderte Stimmung in der Zukunft zu erwarten. Lass dich ganz auf den Kontakt im Hier und Jetzt ein und signalisiere deinem Partner, dass du mit vollem Herzen bei der Sache bist.

→ Emotionen transportieren

Emotionen zu transportieren, kann auch in einer langen Beziehung nicht immer einfach sein – insbesondere dann, wenn einer der beiden eher zurückhaltend ist oder sich schnell von Gefühlen überfordert fühlt.

Wenn du allerdings mehr in Kontakt mit deinen Gefühlen kommst, wirst du vermutlich mehr darüber sprechen wollen und die Möglichkeiten sehen, die sich durch einen Austausch ergeben. Alle Gefühle haben dabei ihre Berechtigung – aber der Ton macht die Musik. Es ist keinesfalls gesund, alles Negative in einer Partnerschaft totzuschweigen, immer nur seine Schokoladenseite zu präsentieren oder sich davon abzulenken. Probiere stattdessen, das zu kommunizieren, was du bei dir wahrnimmst, deine Wut, deine Trauer und wie sich dies auf dich auswirkt. Anschließend kannst du deinem Gegenüber signalisieren, was dir guttun oder helfen würde, um das bestehende Problem aufzulösen oder du teilst mit, was du dir erhoffst.

Versuche auch hier, ergebnisoffen zu handeln und ganz bei dir zu bleiben. Neigst du dazu, deinem Partner gegenüber immer alles loszuwerden, was dich belastet, kann es sein, dass sich die Dynamik zwischen euch zu verändern beginnt und er sogar eher Abstand sucht, um nicht wieder mit Negativität pur übergossen zu werden. Natürlich sollte der Partner ein Gegenüber sein, der sowohl durch die guten als auch die schlechten Zeiten hindurch eine Stütze ist. Aber er ist kein Therapeut und sollte nicht in eine solche Rolle gedrängt werden. Bemerkst du diese Tendenz bei dir, sprich es offen an und frage deinen Partner, wie er das wahrnimmt. Erkläre, dass du einen achtsameren Umgang der Kommunikation finden möchtest und bitte um eine Rückmeldung oder Ideen.

Vielleicht könnt ihr gemeinsam Glücksübungen einbauen und so ganz bewusst den Fokus auf das Leben verändern. Eine schöne Übung sind „Die Drei Dinge". Wenn ihr abends auf der Couch sitzt, erzählt jeder dem anderen drei Dinge, die ihn an dem Tag glücklich gemacht haben, drei Dinge, auf die er stolz ist oder die er gut gemacht hat und drei Dinge, auf die er sich freut.

So wird das Augenmerk bewusst aus dem Negativen herausgehalten und dein Gehirn hat die Chance, aus alten Gesprächsmustern auszusteigen und neue Wege zu gehen. Vielleicht mag sich das zu Beginn noch etwas gekünstelt oder ungewohnt anfühlen, insbesondere dann, wenn dein Kopf gleich wieder zu seinen angestammten Themen springen will, aber bleibe da liebevoll konsequent und richte dich immer wieder neu aus.

- Wie ist die Stimmung dann zwischen euch?
- Verändert sich die Dynamik eurer Gespräche?
- Welche Beobachtungen machst du bei deinem Gegenüber?
- Wie verändern sich deine Stimmung und dein Kommunikationsverhalten?

→ Achtsam streiten und Kritik üben

Streit ist etwas, das in den meisten Fällen zu Beziehungen dazugehört. Auch hier ist es möglich, mit Achtsamkeit zu einer Verbesserung der Streitkultur beizutragen und so etwas Gutes für die Beziehung und euer persönliches Wohlbefinden zu tun.

Sind wir schon länger in einer Beziehung, können sich oftmals sehr harte Fronten entwickeln oder auch Streitmuster, die der Zweisamkeit eigentlich nicht zuträglich sind. Vielleicht haben wir sie so bei unserer Familie oder in früheren Beziehungen gelernt, vielleicht haben wir Ängste, die uns zu Abwehrhaltungen verleiten.

Gehen wir achtsam in einen Konflikt, können wir bestimmte Muster erkennen und uns mit ihnen auseinandersetzen, sie zum Thema machen und dem Partner anbieten, gemeinsam daran zu arbeiten. Wir können sehen, wo wir werten und versuchen, uns davon zu lösen, wo uns die Vergangenheit im Nacken sitzt oder uns Zukunftsängste antreiben.

Dadurch verpassen wir nicht mehr das Jetzt mit unserem Liebsten, sondern können uns ganz auf die Kommunikation einlassen und wirklich in Kontakt treten. Dabei ist es wichtig, dass wir Mut zur Lücke walten lassen und uns zugestehen, dass solche Muster sehr hartnäckig sein können und wir daher auch einiges an Durchhaltevermögen brauchen, um uns neue Muster aufzubauen, die auch in der dynamischen Zweierbeziehung funktionieren.

Wichtig ist hier ein konsequentes Wohlwollen, ein tiefes Mitgefühl, sowohl dem Partner als auch dir selbst gegenüber. Versuche daher, auch beim Üben von Kritik, immer auf deine Worte zu achten. Wähle Ich-Botschaften, damit die Worte beim Gegenüber ankommen, statt als wahrgenommene Attacken direkt ausgeblendet oder abgewehrt zu werden. Lass alte Streitigkeiten los und gib deinem Liebsten die Chance, es besser zu machen.

→ Neuigkeiten im Alltag

Vor allem, wenn wir schon länger in einer Beziehung sind, können wir den Eindruck gewinnen, wir würden den Partner in- und auswendig kennen. Oftmals führt es dazu, dass wir nur noch die Standardfloskeln austauschen oder den gemeinsamen Alltag organisieren, aber gar nicht mehr nach den Meinungen, Interessen und Stimmungen des anderen fragen.

Auch hier kann uns der Entdeckergeist und das bewusste Einlassen auf das Gegenüber dabei helfen, die Beziehung wieder zu beleben und bunter zu gestalten.

Verabschieden wir uns von der Vorstellung, bereits zu wissen, was der andere sagen wird und hören ihm stattdessen aufmerksam zu, gibt dies unserer Kommunikation eine ganz neue Qualität. Dein Gegenüber merkt, dass es gehört und gesehen wird, was sehr beglückend sein kann und auch Mut macht, sich mehr zu öffnen.

Wir selbst erfahren vielleicht manches, was uns überrascht und wir können uns ganz neu mit unseren Liebsten auseinandersetzen. Schließlich erleben wir immer wieder an uns selbst, wie sehr alles in Veränderung ist. Manche Dinge bleiben ein ganzes Leben lang in unserem Herzen, mit anderen können wir bereits nach einigen Monaten nichts mehr anfangen.

Wir mögen es, wenn unsere Mitmenschen sehen, dass wir uns weiterentwickeln und nicht selten fühlen wir uns vor den Kopf gestoßen, wenn uns jemand mit einer Idee, Vorliebe oder Überzeugung konfrontiert, die für uns schon seit Jahren nicht mehr aktuell ist. Gedanken wie „Hört er mir eigentlich zu? Kennt er mich eigentlich? Das mach ich doch schon seit 5 Jahren anders" können dann aufkommen sowie das ungute Gefühl, nicht wirklich als Person gesehen zu werden.

Genauso ist es auch bei unseren Lieblingsmenschen. Welche Eissorte mag er gerade am liebsten? Ist das wirklich noch Erdbeere oder isst er die nur, weil ich sie immer mitbringe, seitdem er bei unserem ersten Date Erdbeereis bestellt hat? Was war das letzte Buch, das er gelesen hat und warum hat es ihm so gut gefallen? Forscherkappe auf, Entdeckerspirit an und auf in die spannenden Gespräche!

→ Freie Zeit zum Zusammensein

Kino-Besuche, Einladungen zum Essen oder zum Spieleabend und Radtouren sind wunderschön und eine Bereicherung in unserem Leben. Wenn wir als Familie aber viel stemmen müssen und zeitlich sehr eingespannt sind, können uns weitere Termine am einzig freien Tag in der Woche den Schweiß auf die Stirn treiben. Gönne dir in regelmäßigen Abständen gemeinsam mit deinem Herzensmenschen ein paar Stunden Auszeit, in denen ihr nichts geplant habt. Genießt einfach das Zusammensein ohne Ablenkungen durch andere oder den Stress im Nacken durch weitere Verpflichtungen. So schafft ihr überhaupt erst Raum für ein achtsames Miteinander, könnt wieder auftanken und so auch gelassener bleiben, wenn die kommende Woche wieder so viel los sein sollte.

Achtet auch gemeinsam darauf, wann und warum der Stress in der Partnerschaft die Oberhand gewinnt. Vielleicht wollt ihr euch in einer Auszeit mal zusammensetzen und gemeinsam eure Trigger und Stresssituationen entdecken. Schon im Gespräch kann sich manches aufklären und ihr könnt – ganz dem Entdeckergeist verpflichtet – gemeinsam Strategien entwickeln und ausprobieren, wie ihr mit den Stressoren besser umgehen könnt, wenn sie sich nicht vermeiden lassen sollten. Erlaubt euch Experimente und testet immer mal wieder neue Strategien aus, wenn sich alte nicht mehr bewähren sollten.

Achtsamkeitsübungen mit dem Herzensmenschen

Eine wunderbare Übung, die sich prima mit dem Herzensmenschen ausführen lässt, ist die Tipp-Übung. Diese kann euch dabei unterstützen, ein besseres Bewusstsein für euren Körper zu bekommen. Nebenbei schafft sie Nähe und ist auch ein wenig lustig. Sie eignet sich wunderbar, wenn euer Gegenüber vielleicht aktuell nicht so auf große Achtsamkeitspraktiken eingestimmt ist und der Moment eher für etwas Spielerisches und Leichtes geeignet ist.

Einer von euch setzt oder stellt sich hin und schließt die Augen. Der andere tritt an das Gegenüber heran und tippt einmal ganz leicht an eine Stelle am Körper, etwa den Oberarm, das Handgelenk, den Nacken, die Stirn. Nun muss der Angetippte selbst mit dem Finger auf die Stelle deuten, an der er berührt wurde. Ihr trainiert so das bewusste Hinspüren und Fokussieren und haltet die Achtsamkeit ganz bei eurem Körper. Dadurch, dass der Sehsinn ausgeschaltet ist, könnt ihr die anderen Sinne besser in euer Bewusstsein holen und beispielsweise auch darauf achten, ob euch auch das Gehör etwas leitet. Die Körperwahrnehmung kann sich dadurch deutlich verändern. Wer schon ein gutes Gespür hat, kann auch gleich zwei verschiedene Stellen antippen lassen.

→ Kontrolle loslassen

Machst du mit deinem Lieblingsmenschen einen Spaziergang, dann gib doch mal die Kontrolle ab. Diese Übung solltest du nur an einem Ort machen, an dem weder du noch deine Umwelt gefährdet werden können, also auf ebenem Boden ohne Straßenverkehr oder Hindernisse in der Gegend. Am schönsten ist es draußen, im heimischen Garten oder auf einer Wiese, aber auch die Terrasse oder der Flur eignen sich für den Anfang. Lasse dir die Augen verbinden oder schließe sie einfach und nimm die Hand deines Partners. Er übernimmt die Führung, du lässt vollkommen los.

Achte dabei auf das, was dir plötzlich bewusstwird, wenn du auf deinen Sehsinn verzichten musst. Nimmst du den Boden mehr wahr, die Unebenheiten, das weiche Gras? Steigt der würzige Duft von Harz und Tannennadeln in dein Bewusstsein? Und war da im Unterholz nicht das Klopfen eines Spechtes zu hören? Nach ein paar Minuten könnt ihr die Rollen tauschen und euch anschließend über eure Erfahrungen unterhalten.

→ Tägliches Dankbarkeits-Ritual

Setzt euch abends zusammen, am besten so, dass ihr euch direkt in die Augen schauen könnt. Während ihr den Augenkontakt immer wieder haltet – natürlich nicht starrend (das wirkt eher bedrohlich), sagt ihr euch gegenseitig, wofür ihr euch heute beim anderen bedanken wollt und warum. Das kann eine ganz kleine Sache sein, wie das Zuzwinkern in dem langen Gespräch mit der Nachbarin oder etwas Großes, wie das Candle-Light-Dinner, mit dem du nach einem anstrengenden Tag überrascht wurdest.

Unabhängig von der Aktion zeigt ihr euch damit, dass ihr seht, was ihr füreinander tut und dass ihr der anderen Person mit großer Wertschätzung entgegentretet und all die kleinen und großen Dinge nicht als selbstverständlich hinnehmt. Viel zu oft wird der tägliche Kaffee am Bett nämlich zu etwas, was wir regelrecht erwarten und nur in unser Bewusstsein steigt, wenn wir ihn mal nicht bekommen. Unser Blick ist dann eher auf Mängel und Kritik ausgerichtet.

Diese Übung kann aber dazu führen, dass ihr im Alltag eher darauf ausgerichtet seid, was euer Lieblingsmensch Schönes für euch gemacht hat oder wofür ihr ihm sonst dankbar sein könnt, wie etwa seine stoische Ruhe oder seinen unerschütterlichen Humor in vollkommen grotesken Situationen. Dadurch bekommt ihr einen neuen, leichteren Fokus auf den Partner und fühlt euch auch selbst motiviert, für eine schöne Stimmung zu sorgen.

Dankbarkeit tut beiden Seiten gut – dem, der den Dank bekommt und dem, der den Dank aufrichtig aussprechen kann. Ein schönes Gefühl und eine echte Chance, als Paar zusammenzuwachsen und an einem Strang zu ziehen.

Wenn ihr mögt, könnt ihr euch die Dinge auch in einem hübschen Büchlein aufschreiben und immer mal wieder darin blättern, wenn es darum geht, in stressigen Zeiten den achtsamen Umgang zu stärken.

Achtsamkeit bei Freundschaften und anderen sozialen Kontakten

Möchtest du Achtsamkeit auch im Umgang mit deinem Freundeskreis leben, kannst du viele der oben bereits vorgestellten Kommunikationsansätze nutzen. Oftmals geht es uns inmitten unseres hektischen Lebens so, dass wir zwar liebe Menschen in unserem

Leben haben, aber nur wenig Zeit für die, die uns am wichtigsten sind.

Philipp beispielsweise verpasst oft Treffen, weil er sich in seiner Arbeit verliert und es dann zu spät ist, um noch dazuzustoßen.

Angelika hingegen fühlt sich abends so ausgelaugt, dass sie Nachrichten nur nebenbei beantwortet und dann eigentlich gar nicht weiß, um was es geht. Oder sie meldet sich so lange nicht bei guten Freunden, weil sie so viel im Kopf und zu tun hat, dass es ihr peinlich ist, wieder einen Anfang zu machen und dann die Kontakte schleifen lässt.

Eine achtsame Kommunikation kann auch hier ein Schlüssel zu einem guten Miteinander sein.

→ Am Ball bleiben

Niemand fühlt sich gerne zurückgesetzt oder wie die zweite Geige. Versuche daher, deine Freundschaften genauso zu pflegen, wie die anderen Bereiche in deinem Leben. Soziale Kontakte sind enorm wichtig für deine Gesundheit und dein Wohlbefinden und deine Lieblingsmenschen verdienen es, gesehen zu werden.

Wenn du weißt, dass du in der Hektik des Alltages Dinge vergisst, arbeite mit Erinnerungen. Wenn deine Freundin zum Beispiel von einem wichtigen Vorstellungsgespräch erzählt, notiere dir den Termin im Kalender und lass dich so daran erinnern, an dem Tag nachzufragen. So musst du nicht alles im Kopf behalten, signalisierst aber trotzdem, dass du aufmerksam zuhörst und an der Person interessiert bist. Geburtstags- oder Weihnachtskarten kannst du auch ein paar Wochen vorher schreiben, wenn du weißt, dass du in den Tagen davor mit Arbeit zugepackt bist. Wenn jemand einen Wunsch oder Vorlieben äußert, notiere dir das in einer Ideenliste für Geschenke.

Nicht in jeder Freundschaft muss man sich jeden Tag beieinander melden, aber ein regelmäßiger Kontakt zeigt der anderen Person, dass du wissen willst, wie es ihr geht und dass du die gemeinsame Zeit genießt.

→ Achtsam mit der Zeit des anderen umgehen

Gefühlt hat jeder von uns zu wenig Zeit – trotzdem haben wir alle die gleichen 24 Stunden zur Verfügung und es ist – Verpflichtungen hin oder her – auch eine Frage der Prioritäten, wie und mit wem wir unsere Zeit verbringen.

Merkst du, dass du Termine mit einer bestimmten Person immer wieder vertagst, frage dich, warum das so ist. Steht etwas zwischen euch? Möchtest du diese Person eigentlich gar nicht sehen? Habt ihr euch auseinandergelebt? Fürchtest du dich vor etwas? Näher hinzuschauen mag zwar nicht so angenehm sein, aber es ist wichtig, um ehrlich mit deinem Gegenüber zu sein und auch, um achtsam mit der Zeit der anderen Person umzugehen.

Wenn du einen Termin nicht wahrnehmen kannst, sag so früh wie möglich ab und biete eine Alternative an, statt einfach nicht zu erscheinen, kurz nach Beginn eine SMS zu schicken und das Ganze im Sande verlaufen zu lassen.

Wenn du bemerkst, dass du weniger Kontakt möchtest, formuliere dies klar und freundlich.

Bist du diejenige, die immer wieder vertröstet wird, sei ehrlich und sprich an, was das mit dir macht. Frage nach dem Grund und entscheide dann, wie und ob du weiterhin Verabredungen mit dieser Person treffen möchtest. Zwar ist nicht die Quantität, sondern die Qualität der gemeinsam verbrachten Zeit entscheidend, aber wenn dich jemand immer wieder vertröstet, dann solltest du dafür sorgen, dass achtsam mit deiner Zeit umgegangen wird.

→ Grenzen setzen und respektieren

Achtsamkeit ist aber auch wichtig, wenn es darum geht, in einer Freundschaft Grenzen setzen und respektieren zu können. Viele von uns sind zu Hilfsbereitschaft erzogen worden und haben ein ungutes Gefühl, wenn sie nein sagen sollen. In einer Freundschaft ist nicht nur das achtsame Gestalten gemeinsamer Zeit wichtig, sondern auch das Setzen und Respektieren von Grenzen, wenn es um Nähe, Vertrauen oder kleine Gefallen geht. Vielleicht bringt es kurzfristig Herausforderungen im Miteinander, wenn du beginnst, nein zu sagen und nicht stets zur Stelle zu sein, wenn Hilfe gebraucht wird. Du signalisierst dadurch aber auch, dass du deine Grenzen respektierst und keine leeren Versprechungen eingehst, die du nachher nicht halten kannst oder magst. Dadurch lösen sich mögliche Probleme direkt wieder auf, die durch Enttäuschung oder Überforderung oder auch das ungute Gefühl, ausgenutzt zu werden, entstehen können. Sollte dein Umfeld mit Unsicherheit reagieren, kannst du – wenn du magst – erklären, dass du deine To-do-Liste nun kürzer hältst, um die Aufgaben, die du übernimmst, mit der nötigen Achtsamkeit zu erfüllen. Du bist allerdings niemandem Rechenschaft schuldig und es ist dein gutes Recht, auch in engen Beziehungen Grenzen aufzuzeigen.

Bemerkst du selbst, dass es dir schwerfällt, Grenzen anderer zu respektieren, kannst du um ein Gespräch und Unterstützung bitten. Du kannst die andere Person fragen, wie du achtsamer im Miteinander sein kannst und du kannst dich selbst fragen, warum diese Grenzen Widerstände in dir erzeugen und wie du dauerhaft einen guten Umgang damit etablieren kannst.

→ Ehrlich verzeihen

Wir als Menschen sind fehlbar. Jeder von uns weiß, wie unangenehm es ist, wenn einem ein Fehltritt passiert ist, obwohl man die Person so sehr mag und ihr eigentlich nur das Beste wünscht. In solchen Situationen ist es unglaublich befreiend, wenn wir merken, dass der Betroffene uns ehrlich und aufrichtig vergibt.

Das ehrliche Verzeihen macht das, was passiert ist, nicht ungeschehen – aber es erlaubt, dass die Verbindung weiterbesteht und sich wieder festigen kann. Dieses Verzeihen ist dem Loslassen in der Achtsamkeitspraxis ähnlich. Du kannst bemerken, dass da noch Schmerz oder Enttäuschung ist – aber du musst nicht daran festhalten oder gedanklich immer wieder dahin zurückkehren. Drängen sich Erinnerungen daran auf, kannst du sie wahrnehmen. Du musst sie aber nicht bewerten oder dich davon leiten lassen, sondern kannst Raum geben für neue Erfahrungen, die ihr als Freunde machen könnt.

Dies setzt natürlich voraus, dass dein Gegenüber dich nicht regelmäßig enttäuscht oder bewusst verletzt – in solchen Fällen ist es ratsam, das Ganze anzusprechen und gegebenenfalls die Konsequenzen zu ziehen. Aber wenn es der anderen Person wirklich leidtut, dann profitiert ihr beide davon, wenn du loslassen und ehrlich verzeihen kannst.

Marie hat die Kommentare ihrer Nachbarin nicht gut verdauen können und erlebt sich bei dem nächsten Aufeinandertreffen mit Gabi sehr verspannt, geradezu verkniffen – obwohl sie sonst die Unterhaltungen am Gartenzaun recht nett findet. Sie hat ihrem Mann zwar erzählt, sie hätte nicht viel darauf gegeben, aber sie bemerkt, wie sie innerlich Punkte zählt, eine Liste führt, mit unschönen Sachen, die Gabi gesagt hat. Diese schwebt ihr immer im Hinterkopf und sie lauert quasi schon darauf, ob wieder etwas Neues dazu kommt. Diese Habachtstellung führt dazu, dass sie die netten Gespräche gar nicht mehr wirklich wahrnehmen und genießen kann.

Loslassen und im Hier und Jetzt ankommen ist eine wichtige Übung, die zwar herausfordernd, aber sehr befreiend sein kann.

→ Gemeinsam Achtsamkeit üben

Vielleicht hast du jemanden in deinem Umfeld, der sich auch für Achtsamkeit interessiert und sich näher damit befassen will? Super, dann hole dir so Unterstützung ins Boot. Ihr könnt euch gegenseitig im Alltag an eure Achtsamkeitsreise erinnern, euch bei der Praxis unterstützen, euch über euren Weg und etwaige Hindernisse austauschen, Glücksmomente zelebrieren oder vielleicht sogar zusammen einen Kurs besuchen?

Zu zweit fühlst du dich vielleicht weniger eingeschüchtert oder überfordert, wenn du dich das erste Mal mit dem Thema auseinanderzusetzen beginnst. Möglicherweise fällt es dir auch leichter, bei der Sache zu bleiben, weil du mit jemand anderem über die Sache sprechen kannst und auch in einem gewissen Zugzwang bist, der dir gerade zu Beginn dabei helfen kann, die nötige Disziplin aufzubringen, um die Achtsamkeitsübungen als feste Praxis in deinen Alltag zu integrieren.

Wenn es manchmal nicht ausreicht, allein eigene Gründe zu finden und das eigene Warum zu benennen, dann kann der Austausch im Zweierteam oder in einer kleinen Gruppe über die persönlichen Ziele, Wünsche und Hoffnungen so motivierend sein, die nötigen Veränderungen anzustoßen!

Aufgemerkt!

Auch im Miteinander mit anderen kann sich die „dunkle Seite der Achtsamkeit" bemerkbar machen, die schon zu Beginn angesprochen wurde. Die Wünsche, Bedürfnisse und Vorstellungen von uns werden im Kontakt mit anderen immer mal wieder herausgefordert und auf die Probe gestellt. Achtsamkeit kann ein gutes Werkzeug sein, um mit diesen Situationen gelassener umzugehen.

Es lohnt sich aber auch, immer mal wieder zu überprüfen, ob wir die Achtsamkeit in ihrer ursprünglichen Funktion in unser Leben integrieren wollen oder ob wir sie dazu nutzen, etwas anderes zu erreichen.

Übe ich mit meinen Kindern Achtsamkeit, damit sie diese wichtige Ressource für sich nutzen können, oder damit sie ruhiger sind und auch außerhalb der eigenen vier Wände ein besseres Bild abgeben? Will ich dadurch andere kontrollieren, mich noch effektiver auslasten oder etwas steuern, was ich eigentlich nicht steuern kann? Kann es sein, dass ich mich unbewusst über andere stelle, etwas von mir verbergen oder nach außen glätten möchte? Das Bild der Superwoman aufrechterhalten will, an der alles abperlt?

In solchen Momenten heißt es: Aufgemerkt! Es ist ein wichtiger Schritt, wenn du erkennst, dass dich andere Beweggründe antreiben, auch wenn dir diese auf den ersten Blick sehr albern oder verbissen vorkommen. Hab da bitte etwas Nachsicht mit dir und freue dich darüber, dass du deine Muster erkannt hast und nun etwas ändern möchtest.

Dies gilt auch, wenn du bei dir einen falschen Ehrgeiz bemerkst, sobald du dich mit deiner besten Freundin über das Thema austauschst oder du in einen Wetteifer mit deinem Partner gerätst. Es gibt kein Richtig oder Falsch bei der Frage nach den Mitteln und Wegen, wie die Achtsamkeitspraxis kultiviert werden soll. Der eine mag jeden Tag eine Stunde üben, dem anderen reichen 15 Minuten. Die Achtsamkeitspraxis ist etwas hoch Persönliches, das nur dir selbst genügen muss. Umgekehrt darfst du auch anerkennen, wenn jemand anderes seine Praxis ganz anders gestalten möchte.

Es handelt sich nicht um eine weitere Strategie der Selbstoptimierung oder der Optimierung deiner Liebsten, sondern um eine Technik, mehr zu sich selbst zu finden, im Einklang mit dem inneren Rhythmus zu sein und im Hier und Jetzt anzukommen.

Achtsamkeit im Alltag - Arbeit, Haushalt und Co

Nicht nur im Umgang mit einem selbst oder den liebsten Menschen aus dem privaten Umfeld kann Achtsamkeit ein wertvolles Werkzeug sein, sondern auch bei den alltäglichen Dingen wie der Hausarbeit, dem Einkaufen, dem Zurücklegen von Wegen und natürlich im Job.

Erinnerst du dich noch an Philipp aus unseren Anfangsbeispielen? Er ist durch die Konflikte am Arbeitsplatz mit den Kollegen und Kolleginnen sehr belastet und auch, wenn sie sich eine neue Perspektive schafft, indem er auf eine Selbstständigkeit hinarbeitet, verliert er sich doch zunehmend zwischen seinen Projekten, weil er den Anspruch hat, sowohl seine Weiterbildung als auch seine Arbeit mit absoluter Bestleistung zu meistern. Er bemerkt selbst, dass er immer fahriger wird, schlecht schläft und auch das Abschalten nach dem Job nicht mehr wirklich hinbekommt. Nicht nur seine Beziehung leidet darunter, dass er immer ausgelaugt und in Gedanken bei seinen Projekten ist, sondern auch sein Job – was ihn nur noch mehr antreibt, weil er ja ein gutes Vorbild für seine Patienten sein möchte.

Vielleicht kennst du das auch, dass eine Arbeit, die dir eigentlich viel Freude bereitet, durch zu viele und hohe Anforderungen oder ein unangenehmes Betriebsklima in Stress ausartet, dass der Wechsel zwischen der sozialen Rolle am Arbeitsplatz und der im Privatleben nicht immer funktioniert, dass Pendeln, Überstunden oder eine berufliche Veränderung noch weniger Raum für die eigene Entfaltung bieten. Es kann aber auch genauso gut sein, dass dich der ewig gleiche Trott gefangen hält und du wie ferngesteuert deine Aufgaben erledigst und in Gedanken nur von einem Wochenende zum anderen lebst.

Wenn es nicht gelingt, eine gute Balance zwischen Arbeit und Privatleben langfristig erfolgreich umzusetzen und du dich aufgrund und während deiner Arbeit nicht wohlfühlst, ist die Gefahr groß, in eine Art Burn-out zu geraten oder einfach nur noch zu funktionieren, anstatt zu leben.

Gerade Achtsamkeit bei der Arbeit kann deshalb eine entscheidende Rolle spielen, verbringen wir doch schließlich sehr viel unserer aktiven Zeit am Arbeitsplatz. Dabei spielt es keine Rolle, ob du von daheim arbeitest, in einem Büro oder auf einer Baustelle tätig bist, du allein agierst oder im Team werkelst – achtsames Arbeiten kann in jeder Situation bereichernd sein und dabei helfen, einen guten und gesunden Umgang mit seiner Arbeit und auch mit damit verbundenen Herausforderungen (wie Stress oder Anforderungen von Vorgesetzten und Kollegen) zu finden. Zudem kann es auch helfen, dem Wechsel zwischen den verschiedenen sozialen Rollen am Arbeitsplatz und weiteren Stressoren (wie beispielsweise dem Pendeln oder dem Organisieren und Durchführen von langfristigen Projekten) gelassen zu begegnen.

Vielleicht magst du erst mal wieder einen kurzen Moment innehalten und in dich hineinspüren: Wie sitzt du gerade? Hast du den Atem angehalten, als das Thema Arbeit aufkam?

Nimm bitte einmal drei tiefe Atemzüge, bei denen du einfach nur in dich hineinspürst und benennst, welche Emotionen und körperlichen Veränderungen du in dir bemerkst – ohne diese bewerten zu wollen.

Bestandsaufnahme – Achtsamkeit am Arbeitsplatz

Jetzt setz dir gedanklich deine Forschungskappe auf – Einsteiger-Einstellung – und versuche dich dem komplexen Thema Arbeit und Achtsamkeit mit einer gewissen Neugier und Unbefangenheit zu nähern. In welchen Bereichen könntest du von einer achtsamen Haltung profitieren?

Welche drei Begriffe fallen dir dazu ein, wenn du folgende Wörter liest? Schreibe dir diese am besten auf.

- Arbeitsweg
- Umgang mit Kollegen
- Umgang mit Vorgesetzten
- Umgang mit Mitarbeitenden
- Routinearbeiten
- Pausenzeiten
- Bewegung am Arbeitsplatz
- Stress/hohes Arbeitsvolumen
- Gestaltung des Arbeitsplatzes
- Eigener Anspruch an die Arbeit
- Umgang mit der eigenen Arbeitskraft

Diese Selbstreflexion kann dir dabei helfen, schwarz auf weiß zu sehen, in welchen Bereichen dir ein wenig mehr Achtsamkeit guttun könnte. Oft ist uns gar nicht bewusst, wie hoch der eigene Anspruch an die Arbeitsleistung ist oder wie sehr uns nervige Routinearbeit aus dem Konzept bringen.

Hast du erkannt, wo es bei dir hakt, kannst du als Nächstes ermitteln, ob und wie du etwas an den realen Bedingungen verändern kannst. Fällt es dir beispielsweise schwer, an einem überladenen Tisch zu arbeiten oder in einem Raum mit greller Beleuchtung den Bildschirm richtig zu sehen, dann können diese Hindernisse, die dich vom fokussierten Arbeiten abhalten, in der Regel leicht behoben werden.

Wie so oft gehen wir im Alltag nicht besonders achtsam mit unseren Bedürfnissen um und arrangieren uns eben mit dem kippelnden Stuhl oder der reflektierenden Bildschirmoberfläche, obwohl dies unheimlich viel Kraft zieht – weil wir eben nicht die Person sein wollen, die stört. Gehst du achtsam mit dir um, weißt du aber, dass du mit einer angenehmen klaren Umgebung viel für einen klaren Geist tun kannst. Wenn du die Möglichkeit hast, gestalte also als Erstes deinen Arbeitsplatz so aufgeräumt, klar, ansprechend und luftig wie möglich.

Aufgabe für deinen nächsten Arbeitstag:

Notiere dir im Geist (oder gern auch auf einem kleinen Zettel) all die kleinen Dinge, die dich aus dem Arbeitsflow bringen, dich unnötig anstrengen oder irritieren (wie die flimmernde Lampe, die stickige Luft oder der wackelnden Tisch) und überlege dann zu Hause, was du daran ändern kannst.

Beschaffe dir ergonomisch korrekte Möbel, sorge für frischen Sauerstoff und einen guten Duft, bring eine Blume mit. Sprich mit deinem Team oder der Führungskraft über mögliche Veränderungen und sei es dir wert, diese Veränderungen anzustoßen! Dabei musst du keinesfalls jedem deine Achtsamkeitsreise auf die Nase binden, wenn du nicht willst. „Gesundheit am Arbeitsplatz" oder auch „effizienteres Arbeiten" sind nützliche Stichworte, um gewünschte Veränderungen anzuregen.

→ Der Arbeitsweg

Wenn du deinen Arbeitsweg bisher nur als Last erlebt hast, dabei jedes Mal mit Minispielen auf dem Handy die Zeit sprichwörtlich totschlägst oder dich über das Gedränge in den öffentlichen Verkehrsmitteln aufregst, dann überlege dir, wie du diese Zeit achtsamer und angenehmer für dich gestalten kannst. Könntest du der Rush-Hour entgehen und die Bahn nehmen, die 20 Minuten eher fährt? Dann könntest du die Fahrt ohne Gedränge dazu nutzen, etwas zu lesen oder einfach zu träumen und ohne Hektik an deinem Arbeitsplatz ankommen und dich mit ein, zwei Achtsamkeitsübungen auf den kommenden Arbeitstag einstimmen.

Alternativ kannst du auch überlegen, ob du einen Teil des Weges zu Fuß zurücklegen kannst, um etwas vom Wetter und den Jahreszeiten mitzubekommen. Nicht selten steigen wir nämlich von der Haustür in den Wagen, über die Tiefgarage in den Aufzug und verbringen dann einen Tag in einem künstlich erleuchteten Raum und merken am Abend, dass wir gar nicht wissen, welches Wetter draußen herrschte.

Finde für dich heraus, wie du gleich schon auf deinem Weg in Kontakt mit deiner Achtsamkeit treten und wie du den Tag und das Leben um dich herum spüren kannst. Musst du eine weite Strecke pendeln, überlege dir, wie du deiner Umgebung und dem Fahren mehr Achtsamkeit schenken kannst, wenn du selbst fahren musst, statt dich irgendwann zu wundern, dass die Bäume im vollen Laub stehen und du gar nicht weißt, wann das denn passiert ist.

→ Umgang mit deinen Mitmenschen am Arbeitsplatz

Für den Umgang mit den Menschen an deinem Arbeitsplatz – ganz gleich, ob es sich um Kunden, Vorgesetzte, Kollegen oder Mitarbeiter handelt – kannst du wunderbar die Techniken der achtsamen Kommunikation nutzen, die du aus den beiden vorherigen Kapiteln kennst.

Insbesondere in Gesprächen mit schwierigen Mitmenschen kann Achtsamkeit Wunder wirken, denn dadurch, dass wir nicht direkt auf einen Reiz reagieren, sondern diesen einfach als vorhanden wahrnehmen, nehmen wir einer potenziellen Krisensituation leicht die Brisanz. Dadurch gewinnen wir auf zweierlei Art: Zum einen sind wir selbst nicht mehr so gestresst und geschlaucht von diesen Gesprächen, zum anderen bewahren wir eine professionelle

Contenance und können wunderbar deeskalierend wirken und für ein besseres Klima vor Ort sorgen – das sich dann wieder positiv auf dich und deine Stimmung auswirkt.

Hast du einige liebe Kollegen in deinem Team, könnt ihr zum Beispiel kleine Achtsamkeitspausen vereinbaren oder euch gegenseitig daran erinnern. Es ist immer schön, ein Gegenüber zu haben, wenn man etwas Neues in seinem Leben etablieren möchte und gerade, wenn einen die Arbeitswut packt, ist eine kurze Erinnerung daran, ein paar bewusste Atemzüge zu nehmen oder mal kurz auf die Terrasse zu gehen und sich seiner bewusst zu werden, Gold wert!

Hole dir Unterstützung ins Boot, wenn da jemand ist, dem du vertrauen kannst oder sprich deine Vorgesetzten darauf an, wie Achtsamkeit am Arbeitsplatz umgesetzt werden könnte, wenn du glaubst, dass sie dafür offen sind. In größeren Betrieben gibt es vielleicht auch ein Gesundheitsprogramm, das entsprechende Kurse anbietet oder aufnehmen könnte. Informiere dich darüber und nutze die Möglichkeiten, die dir der Arbeitgeber bieten kann.

Struktur und Pausen im Alleingang – Arbeit daheim

Bist du Hausfrau oder freiberuflich tätig, bist du zwar nicht in einen festen Arbeitsalltag eingebunden und kannst dir deine Zeit zumindest bedingt frei einteilen – du stehst aber auch in der Verantwortung, dich und deine Arbeitskraft selbst effektiv zu managen, auch wenn die Arbeitsmoral mal etwas schlafen sollte. Um dabei achtsam zu bleiben, können dir folgende Ansätze helfen:

→ Fokussieren auf die Arbeiten, die wirklich anstehen

Manchmal ist es schwer, wirklich etwas zu schaffen und nicht nur alles halb anzufangen. Wir fangen beispielsweise an, das Regal abzustauben und dabei fällt uns die Kiste mit den Urlaubsfotos entgegen, die wir schon immer mal sortieren wollten. Eine Stunde später fragt man sich dann, wo die Zeit geblieben ist, und das Wohnzimmer ist immer noch nicht auf Vordermann gebracht, obwohl die Gäste gleich kommen.

Schreib dir für jeden Tag eine To-do-Liste und überlege, was dir an diesem Tag wirklich wichtig ist. Was ist dringend? Was kann in kleine Arbeitsschritte und somit auch mehrere Tage aufgeteilt werden? Packe dir die Liste nicht zu voll und erledige eine Sache nach der anderen, statt hin und her zu springen. So musst du dich nicht immer wieder neu einstellen und orientieren, sondern kannst systematisch alles abarbeiten und fühlst dich am Ende weniger zerschlagen. Zudem erlebst du immer wieder kleine Erfolgserlebnisse, wenn du Punkt für Punkt abhaken kannst und die Dinge wirklich erledigt sind, statt sie in deinem Hinterstübchen herumschweben zu haben und dir so Energie ziehen zu lassen.

→ Delegieren lernen

Delegieren zu lernen ist für all diejenigen, die zum Perfektionismus neigen, eine echte Herausforderung – kann aber dabei helfen, die To-do-Liste übersichtlich zu halten und Energie für die wirklich wichtigen Dinge zu haben.

Überlege dir, wann und bei welchen Dingen das Delegieren nötig und möglich ist. Im Haushalt können auch die anderen Familienmitglieder ihren Teil dazu beitragen, dass es sauber und gemütlich ist. Hast du dich schon seit drei Wochen jeden Abend mit dem Erstellen deiner Homepage herumgeärgert? Vielleicht ist es hier sinnvoll, eine Fachkraft von außen heranzuziehen und diese Aufgabe abzugeben. Möglicherweise sind damit erst mal Kosten verbunden, aber die Arbeitszeit, die du ohne fruchtbares Ergebnis bisher investiert hast, wiegt das Ganze rasch auf.

Wäge immer mit Bedacht ab und sei achtsam mit deiner Arbeitszeit (und somit auch indirekt mit deiner Freizeit). Nur weil du von zu Hause arbeitest, bedeutet das nicht, dass du rund um die Uhr im Einsatz sein solltest. Gehe bewusst mit deiner Zeit um und schaffe dir Ruhepausen, in denen du dich erholen kannst.

Deins und meins

Stress gehört für dich zum Alltag dazu? Du gerätst regelmäßig ins Rotieren, wenn Töchterchen zu spät zum Fußball kommt oder der Mann einen wichtigen Geburtstag vergessen hat?

Der Aspekt *Mental Load* ist ein wichtiger Punkt, wenn du versuchst, mehr Achtsamkeit in deinen Alltag zu integrieren. Sprich in deiner Familie mit den anderen und versuche nicht mehr, dir jeden Schuh anzuziehen. Den Stress anderer nicht zum eigenen Stress werden zu lassen, mag sich zu Beginn seltsam anfühlen. Jedoch gibst du somit den anderen auch die Chance, Verantwortung für die eigenen Taten zu übernehmen und von den Konsequenzen zu lernen. Hältst du immer allen den Rücken frei, wirst du selbst unweigerlich zu kurz kommen. Zudem ist die Wahrscheinlichkeit groß, dass die anderen ihr nachlässiges Verhalten auch nicht einfach aufgeben werden. Kommuniziere hier klare Grenzen und scheue dich auch nicht, diese umzusetzen.

Routinearbeiten – eine Chance

Routinearbeiten können uns den Arbeitsalltag ganz schön schwer machen und ihn wie Kaugummi in die Länge ziehen. Du kannst diese Tätigkeiten aber auch ganz anders für dich und deine Achtsamkeitspraxis nutzen.

Zum einen sind sie wunderbar dafür geeignet, um mental neue Kraft zu tanken. Schließlich kannst du nicht die ganze Zeit kreativ und aktiv sein. Zum anderen bieten sie sich super dafür an, deine Achtsamkeit im Hier und Jetzt zu trainieren und nicht in Tagträume abzurutschen oder voller Widerwillen zu wünschen, man müsste dieses und jenes nicht tun.

Erlebst du viel Routine bei der Arbeit, könntest du dir vornehmen, immer wieder neue Dinge in den Aktivitäten zu entdecken, die Bewegungsabläufe unglaublich bewusst zu gestalten oder deinen Fokus gezielt auf etwas Schönes lenken, das du dabei entdecken kannst. Oder du widmest dich dem Einüben der bewussten Achtsamkeit ohne Wertung und konzentrierst dich einfach ganz bewusst auf jeden einzelnen Arbeitsschritt. Von Moment zu Moment zu leben und wahrzunehmen, statt die Gedanken schweifen zu lassen und beispielsweise schon über den Urlaub oder das Fernsehprogramm nachzudenken, ist eine spannende Übung, die sich wunderbar in deine Achtsamkeitspraxis einfügt.

Möglicherweise stellst du dann sogar fest, wie entspannend es sein kann, ganz in einer Aufgabe zu versinken und mal Pause vom übereifrigen Kopf zu haben – obwohl du doch nur eine eigentlich langweilige Routinearbeit erledigt hast, die dich sonst eher stresst.

Lass dich überraschen und rufe auch hier immer wieder aufs Neue den Entdeckergeist hervor, der dir erlaubt, unvoreingenommen und mit freundlicher Neugierde an Dinge heranzutreten.

→ Farb- und Formmeditation

Wenn du eine monotone Tätigkeit ausführen musst, kann es schwer sein, sich immer wieder neu auszurichten und zu fokussieren. Hier kann es helfen, wenn du dir einen besonderen Aspekt heraussuchpickst, dem du deine volle Aufmerksamkeit widmen möchtest. Ideal ist es, wenn es sich dabei um etwas handelt, dem du im Alltag gemeinhin weniger Achtung schenkst, wie etwa den Formen und Farben, die um dich herum sind.

Wenn du magst, kannst du das Ganze als kleine Meditation üben. Konzentriere dich zuerst allein auf die Farben, die du bei deiner Tätigkeit sehen kannst. Versuche dich davon freizumachen, die Farben an etwas zu knüpfen („der gelbe Schwamm") oder sie zu bewerten („dieses kalte Arztzimmergrün"). Nimm sie stattdessen einfach nur wahr. Wenn du möchtest, kannst du sie innerlich auch benennen und sie dann eingehender studieren: „Ist das ein Grasgrün oder ein Apfelgrün oder doch eher ein Tannengrün?"

Danach kannst du dich auf die Formen fokussieren: Welche Formen nimmst du um dich herum wahr? Gibt es klare Formen, weiche Ränder, spitz zulaufende Dinge? Mache dich auch hier möglichst frei von Bewertungen („Dieses Eckige mag ich nicht", „Das Verschnörkelte muss man immer so mühsam putzen") und nimm einfach wahr. Wenn deine Gedanken abschweifen oder du dich in Bewertungen verlieren solltest, gehe gedanklich immer wieder sanft (aber konsequent) zu deiner neutralen Betrachtung zurück. Schließe dann innerlich mit der Übung ab und überlege, was diese Betrachtungsform mit dir und deinem Blickwinkel auf die Dinge oder Tätigkeiten geändert haben könnte.

→ Zeitlupenmodus

Gerade Tätigkeiten, die wir jeden Tag erledigen, verblassen in unserer Aufmerksamkeit schnell. Wir putzen uns rasch die Zähne, duschen uns und flitzen dann zur Arbeit. Abends wird schnell was klein geschnippelt und gekocht und dann müssen auch noch die Blumen versorgt werden.

Wenn du mal ein paar Minuten mehr Zeit hast – entweder an einem freien Tag oder du stehst etwas eher auf -, dann versuche mal, eine dieser Tätigkeiten, die du so nebenbei und husch husch erledigst, im Zeitlupentempo auszuführen. Durch die künstliche Verzögerung wird dein Augenmerk von ganz alleine auf deine Handlung gelenkt und du wirst direkt präsenter. Wird dir der frische Minzgeruch der Zahnpasta bewusst? Wie fühlt sich das Wasser auf deiner Haut an, wenn du duschst? Ist es angenehmer, wenn du es etwas kühler einstellst oder die Kraft des Wasserstrahles etwas abmilderst? Wie fühlt sich der Pfirsich in deinen Händen an und was passiert, wenn der saftig-saure Duft der Zitrone in deine Nase steigt? Dank des verringerten Tempos hast du die Möglichkeit, deine Sinne voll und ganz auf die eine Tätigkeit auszurichten. So kannst du viele unterschiedliche Eindrücke bei einer ganz banalen Aktion erleben, die du vermutlich jeden Tag ausführst. Vielleicht erfährst du auf diese Weise sogar etwas Neues über dich und änderst eine Tätigkeit ab, die du bisher nur aus Gewohnheit auf eine bestimmte Art ausgeführt hast, ohne zu überprüfen, ob sie dir so noch gefällt.

Bemerkst du, dass du dein Tempo beschleunigst, führe dich liebevoll (aber konsequent) wieder zurück in den Zeitlupenmodus, bis du deine Aktivität abgeschlossen hast und spüre dann nach. Was war anders? Was ist dir aufgefallen? Hast du Dankbarkeit verspürt, Überraschung, Interesse oder Freude? Genieße den veränderten Blickwinkel auf das Alltägliche und schenke dir immer wieder solche Überraschungsmomente des achtsamen Entdeckens.

Gewohnheiten

Neben den Routinearbeiten, die von außen an dich herangetragen werden, kannst du auch mal ein Augenmerk auf deine Gewohnheiten richten und schauen, wie es da um den Punkt Achtsamkeit bestellt ist. Das kann sowohl das Gestalten der eigenen Zeit generell betreffen als auch die Gewohnheiten bei alltäglichen Tätigkeiten (wie der Hausarbeit, der Haustierpflege, der Gartenpflege oder beim Fortbewegen). Hetzt du immer von einer Aufgabe zur anderen? Geht beim Einsteigen in die Bahn der erste Griff zum Handy? Versuchst du, beim Bürsten deines Hundes das neueste YouTube-Video zu verfolgen? Oft ist uns gar nicht bewusst, was wir uns über die Zeit an Verhaltensmustern angewöhnt haben und es kann total spannend sein, sich näher damit auseinanderzusetzen. So kannst du aufmerksam schauen, wie du besser bei der Sache sein kannst und auf welche Weise du bessere Lösungen finden kannst, um der Achtsamkeit mehr Raum zu schenken.

Ein echter Störenfried kann das Smartphone sein, wenn du versuchst, die Gedanken nicht mehr abschweifen zu lassen. Wir alle nutzen es, um Momente des Wartens, der Unsicherheit oder der Langeweile zu überbrücken – bis wir uns dann fragen, wo beim Scrollen die Zeit geblieben ist, warum wir uns nicht konzentrieren können oder warum wir keine Ahnung haben, wie die Natur um uns herum aussieht.

Überprüfe mittels einer App mal deine Bildschirmzeit und finde heraus, wie sich dein Achtsamkeitsgefühl verändert, wenn du sie reduzierst. Ein weiterer Tipp ist auch hier, deine Zeit besser einzuteilen und Prioritäten zu setzen. Den Zeitfresser Handy hast du schon mal galant minimiert, aber wo verbringst du noch Zeit mit Dingen, die dich nicht erfüllen oder sogar verärgern? Hast du diese Zeitfresser erkannt, kannst du besser bei der Sache sein, hast mehr Raum, die Schönheit in den kleinen Dingen zu sehen; aufmerksam die Natur zu bewundern und das Besondere im Einfachen und Alltäglichen wahrzunehmen.

Achtsamkeitsübungen für Stressmomente

Für akute Stressmomente kannst du folgende Achtsamkeitsübungen nutzen, um dich wieder mehr zu zentrieren und neu auszurichten:

→ Die Box-Atmung oder 4-6-8-Atmung

Wenn du unter Stress stehst, sinkt meist auch die Atemqualität. Umgekehrt kann eine ruhige Atmung dazu führen, dass sich dein aufgescheuchter Kopf und sogar dein Herzschlag beruhigen.

Nimm eine aufrechte Haltung ein und atme ein, während du still bis vier zählst. Dann hältst du den Atem für eine kurze Zeit und zählst bis sechs, bis du ihn über einen Zeitraum von acht Sekunden wieder ausströmen lässt. Wenn dir die Abstände zu lang sind, kannst du sie auch entsprechend anpassen oder dir vorstellen, du würdest gedanklich die Ränder einer Box entlangwandern, während du einatmest, kurz innehältst und dann ausatmest.

Du kannst dir auch im Zug oder im Konferenzraum ein Objekt mit der entsprechenden Form suchen und mit den Augen daran entlangwandern, während du an den kurzen Seiten ein- und an den langen Seiten ausatmest. Dadurch harmonisierst du deine Atmung, verlängerst deine Ausatmung und beruhigst dein Nervensystem.

→ Die Wechselatmung

Diese Atemtechnik ist zwar nicht ganz so diskret wie die Box-Atmung, aber sie ist super zum Zentrieren geeignet und kann in einer ruhigen Minute ausgeführt werden. Nimm wieder eine aufrechte Position ein – falls möglich, lockere deine Kleidung, sodass du gut in den Bauch atmen kannst – und dann lege die Fingerspitzen von Daumen, Ring- und Mittelfinger zusammen. Lege nun den Zeigefinger an dein rechtes Nasenloch und verschließe es, während du mit dem linken einatmest, den Atem kurz hältst und dann wieder mit dem gleichen Nasenloch ausatmest. Anschließend verschließt du das linke Nasenloch mit dem kleinen Finger, hebst den Zeigefinger vom rechten und atmest mit diesem ein und aus. So fährst du mehrere Atemzüge im Wechsel fort, bis du merkst, dass sich dein Geist beruhigt.

→ Druck gegen den Druck

Wenn der Druck steigt, halten wir meist fest – den Atem, die Muskeln, die Schultern bis zu den Ohren. Mit etwas gezieltem Gegendruck kann dir dein Muster bewusstwerden und du kannst dich ein wenig regulieren.

Vielleicht magst du dich etwas mit Akupressur auseinandersetzen und diese in einer solchen Situation ausprobieren. Ein beliebter Griff, den wir oftmals instinktiv schon ausführen, ist der gegen die Stirn. Übst du hier mit deinen Handflächen oder den Fingern leichten Druck aus, fließt das Blut, das bei Stress eher in die hinteren Regionen deines Gehirnes wandert, wieder nach vorne und dein Kopf kann klarer werden.

Auch das Brustbein gilt als guter Punkt für eine Anti-Stress-massage. Übe sanft mit deinen Fingern Druck aus und wenn du magst, kannst du auch kreisförmig über die Stelle massieren.

Das Ohr hält ebenfalls einige Akupressurpunkte bereit. Du kannst aber auch ohne Vorwissen deinen Ohrläppchen eine kleine Mini-Massage gönnen oder einfach nur am Rand entlang sanften

Druck ausüben. Mitunter lässt du durch diese Bewegung schon etwas die Schultern sinken und bemerkst Verspannungen im Kopf- und Nackenbereich, die du dann lockern kannst.

Selbst dann, wenn du keinen Akupressurpunkt gezielt ansteuerst, kann dir ein sanfter Druck helfen, dich wieder in deinem Körper zu erden und im Hier und Jetzt anzukommen, wenn Informationen auf dich einprasseln oder dich Gefühle zu übermannen drohen. Ein diskreter Griff mit Daumen und Zeigefinger deiner dominanten Hand zur gegenüberliegenden Hand reicht da schon aus. Drücke deine Fingerspitzen – das geht ganz unauffällig und nebenbei – oder walke, wenn du mehr Zeit hast, ruhig einmal deine Handfläche durch. Die Eigenberührung tut gut, verkrampfte Muskeln werden entspannt und du kannst neu durchstarten.

→ Abwarten und Tee trinken

In der Achtsamkeitspraxis üben wir immer wieder, nicht direkt auf eine Empfindung oder eine Emotion zu reagieren. Im Berufsalltag kannst du dich aus diesem Reaktionsmuster lösen und möglicherweise Zank oder ein unbedachtes Wort verhindern, indem du einen kurzen Abstecher in die Teeküche machst. Durch den bewussten Ortswechsel schaffst du schon mal räumlich Abstand und kannst auch deinem Kopf die Möglichkeit geben, eine kurze Pause einzulegen.

Während das Wasser kocht, wählst du dir einen Tee aus. Lasse das Aroma des Teebeutels in deine Nase steigen und konzentriere dich ganz darauf. Wähle am besten einen intensiv duftenden Tee. Der Duft von Pfefferminze soll beispielsweise klärend und kühlend wirken. Überbrühe den Beutel und achte dabei ganz auf die Geräusche, die du wahrnehmen kannst: das sprudelnde Wasser, vielleicht ein Zischen?

Lasse den Tee ziehen und bleibe so lange bei deiner Tasse stehen, den Blick auf das Wasser gerichtet, das sich nun langsam verfärben wird. Wo verfärbt es sich zuerst? Entstehen hübsche Muster? Konzentriere dich auch jetzt nur allein darauf. Ist der Tee durchgezogen, entferne den Beutel und kehre mit deinem leckeren Heißgetränk zurück an deinen Arbeitsplatz. Der kleine Moment des Innehaltens kann dir dabei helfen, den nötigen Abstand zu einer Sache zu gewinnen, um gelassener und achtsamer reagieren zu können, ruft aber auch keine nervösen Vorgesetzten auf den Plan – schließlich hast du dir nur einen Tee gemacht.

→ Gähnen und strecken

Perfekt für unauffälliges Ankern beim Pendeln oder im Büro: das Gähnen und Strecken.

Auch wenn du nicht wirklich gähnen musst, kann dir ein geschauspielertes Gähnen guttun. Du bewegst deine vermutlich angespannten Kiefermuskeln und bringst Bewegung in diesen Bereich. Gerade, wenn wir uns sprichwörtlich in etwas verbeißen oder etwas zu verbissen sehen, kann das Kiefergelenk sehr verspannt sein und eine Lockerung wirkt wahre Wunder.

Dein Gehirn wird mit zusätzlichem Sauerstoff versorgt und durch das Gähnen, bei dem du in der Regel auch die Augen schließt, wirst du einmal für einen kurzen Moment ganz zu dir gebracht. Es ist gesellschaftlich vollkommen akzeptiert, sich beim Gähnen auch mal kurz zu recken. Wir alle kennen das wohlige Räkeln, das mit einem tiefen Gähnen einhergeht.

Es baut nicht nur gefühlt Druck und innere Anspannung ab, sondern hilft auch den angespannten Muskeln. Deshalb nutze die Chance und strecke deine Arme, öffne deinen Mund und recke und strecke dich nach Leibeskräften. Bist du alleine, darfst du auch gerne ein wenig übertreiben, um die Wirkung zu verstärken oder das Schau-Gähnen in ein echtes zu verwandeln. Ist dir dabei nach Seufzen oder Brummen oder einem anderen Geräusch? Dann lass es zu, wenn du dir sicher bist, dass du niemanden störst. Diese kurze Gähn- und Stretch-Einheit ersetzt zwar kein Yogaprogramm, kann aber trotzdem wie ein kleiner Weckruf wirken und dir helfen, mit klarem Kopf weiterzumachen.

→ Lächeln

So einfach und doch so wirksam. Versuche, im Alltag immer wieder bewusst eine Lächel-Pause einzulegen. Lächeln kann auf natürliche Weise entstehen, aber auch bewusst erzeugt werden. Dieses „künstliche" Lächeln ist aber keinesfalls ein Lächeln zweiter Wahl, denn wenn du es aktiv dazu nutzt, um dich im Hier und Jetzt zu verankern, kann es zum einen schnell in ein echtes Lächeln übergehen, weil dein Fokus schon mal positiv ausgerichtet ist; zum anderen profitierst du auch bei diesem bewusst ausgelösten Lächeln von seiner Stress senkenden Wirkung. Zwar ist diese dann nicht ganz so stark wie bei einem natürlichen Lächeln, aber immer noch ein gutes Werkzeug bei Alltagsstress.

Achtung: Es geht nicht darum, alles wegzulächeln und abzunicken. Alle deine Emotionen haben ihre Berechtigung. Wer die ganze Zeit künstliche Freude zur Schau trägt, wird irgendwann durch die Unstimmigkeit zwischen Außen- und Innenleben unzufrieden.

Aber das Lächeln kann dir dabei helfen, dich schneller von stressigen Erlebnissen zu erholen, deinen Blickwinkel immer wieder neu aufs Positive auszurichten und eine Grundstimmung von Wohlwollen zu kultivieren.

Probleme mit der Achtsamkeit im Alltag

Hast du trotz intensivem Wunsch, Achtsamkeit in deinen Alltag zu integrieren, immer wieder Schwierigkeiten damit, diese wirklich zu einem festen Bestandteil deines Tagesablaufes zu machen, dann kann das sehr frustrierend sein und sogar regelrecht entmutigen. In solchen Situationen hilft es, festzustellen, wo und warum es schwer ist, Achtsamkeit in deinem Alltag zu etablieren. Versuche direkt auch dabei, eine mögliche wertende Haltung abzulegen und mit der dir aus der Achtsamkeit vertrauten offenen und neugierigen Einstellung an das Thema heranzugehen.

Vielleicht magst du mit einem inneren Bild arbeiten, etwa dem eines Forschers, der deinen Alltag unter seine Lupe nimmt, um festzustellen, was dich davon abhält, eine Achtsamkeitsroutine zu etablieren. So kannst du den Entdeckergeist gut aufrechterhalten.

Vielleicht funktioniert auch das Bild eines Kammes, der sich durch die wirren Gedanken wie durch verknotete Haare bewegt, dabei ganz sanft und nach und nach alle Knoten glättet und dann ungehindert und liebevoll durch das Haar gleiten kann. Ein solches Bild ist hervorragend geeignet, wenn du schnell in Selbstvorwürfe rutschst, wenn du dich dabei ertappst nicht achtsam zu sein, oder dich mit ein paar Ruckzuck-Aktionen „richtig machen" willst, du funktionieren möchtest.

→ Voraussetzungen schaffen für eine gelungene Praxis

Es ist prima, dass du dir genauer anschaust, was dich daran hindert, Achtsamkeit wirklich zu etablieren. Kannst du bestimmte Auslöser feststellen, wenn du deine Praxis durchführst?

Dann kannst du dir einen guten Umgang damit überlegen. Kommst du beispielsweise beim Meditieren in deinem Schlafzimmer nicht zur Ruhe, weil du es auch als Rumpelkammer missbrauchst, dann hilft ein beherztes Ausmisten meist ganz wunderbar. Schaffe dir einen klaren, einladenden Rückzugsort, an dem du dich wirklich gerne für deine Praxis hinbegibst.

Wie schon erwähnt, brauchst du kein ganzes Zimmer freiräumen, aber dein Ort sollte ein echter Kraftort sein, der Ruhe und Klarheit ausstrahlt. Du solltest ihn so temperieren können, wie es dir angenehm ist und Zugang zu frischer Luft haben – denn in einer vollgestopften Rumpelkammer mit stickiger Luft wird wohl jedem das Meditieren schwerfallen. Falls möglich, blende auch die Reize aus, die dich schnell aus deiner Praxis herausbringen. Stört dich grelles Licht von der Laterne vor deinem Fenster? Bringe Vorhänge an. Tausche deine Lampe gegen sanfte Lichtquellen aus. Schaffe dir wirklich einen Platz, der perfekt auf dich und deine Bedürfnisse hin abgestimmt ist. Diese Bedürfnisse können sich im Laufe der Zeit auch ändern, weshalb es sich lohnt, immer mal wieder hinzuspüren und sich zu fragen, ob man sich noch so richtig und rundherum wohlfühlt.

Haderst du damit, dass du in der Zeit deinen Pflichten nicht nachkommen kannst – ruhig Blut! Die sind später auch noch alle da und laufen schon nicht weg. Zudem weißt du, dass du erfrischter und konzentrierter sein wirst und dein Wohlbefinden ist ohnehin wichtiger als der Haushalt. Wirst du immer wieder gestört, mache deinen Lieblingsmenschen klar, dass das deine Privatzeit ist. Das verstehen übrigens auch schon kleine Kinder sehr gut, da sie selber dieses Bedürfnis nach Rückzug haben. Außerdem hilfst du ihnen so dabei, zu lernen, die Grenzen anderer zu achten und dass Mama nicht rund um die Uhr wie ein Automat zur Verfügung steht – Notsituationen natürlich ausgenommen! Wenn du dafür sorgst, dass der Nachwuchs altersgerecht versorgt ist, dann darfst du dich besten Gewissens zurückziehen und deine Zeit genießen.

→ Zeitmangel und Ablenkung

Vielleicht findest du auch draußen oder in deinem Auto kleine Kraftorte, aber ideal ist es natürlich, wie bereits erwähnt, wenn du in deinem Zuhause eine kleine Ecke für dich hast.

Was immer dich sonst noch ablenkt oder stören könnte – überaktive Haustiere, quatschende Mitbewohner, piepende Handys – das alles darf gerne eine kurze Zeit woanders bleiben und du nimmst dir einfach wirklich mal nur Zeit für dich.

Findest du wirklich gar keine Möglichkeit, dies tagsüber zu tun, horch mal in dich hinein, ob du eine Morgenroutine entwickeln magst, die eine Achtsamkeitspraxis beinhaltet. Das ist übrigens ohnehin ein guter Tipp: der Zeitenwechsel. Probiere aus, ob es dir guttut, zu einer anderen Tageszeit zu üben. Vielleicht magst du den beruhigenden Effekt am Abend und fühlst dich morgens noch zu aufgekratzt. Vielleicht kannst du dich abends nicht mehr aufraffen und willst lieber morgens gleich klar und mit einem guten Gefühl in den Tag starten. Auch hier gilt es, auszuprobieren und immer wieder zu testen, was für dich wann und wie funktioniert.

Ein weiterer Punkt, der für viele schwierig ist, ist die Kontinuität. Dann ist da mal ein Geburtstag, dort ein langes Arbeitsprojekt, da ein Elternsprechtag und dann ist ja auch noch die Goldene Hochzeit der Eltern zu planen – wer soll da denn die Zeit finden, sich extra eine halbe Stunde zurückzuziehen?

Versuche, diese Zeit als einen festen Termin zu betrachten – genau wie du dir Zeit für deine Körperpflege nimmst und diese nicht einfach verschiebst, nur weil mal wieder alles auf einmal kommt. Du darfst dir auch Zeit für deine Seele nehmen. Dich um dein Herz und deinen Kopf zu kümmern, ist genauso wichtig wie das Kümmern um deinen Leib. Seelen- und Körperhygiene dürfen den gleichen Stellenwert in deinem Leben genießen. Und sollte mal wirklich alles verdammt knapp werden, kannst du ja auch einfach ein knackiges Kurzprogramm absolvieren und dann über den Tag immer mal wieder kurze Momente der Stille und Achtsamkeit zelebrieren. Wichtig ist aber, dass du am Ball bleibst, um der Achtsamkeit dauerhaft einen festen Platz in deinem Leben einzuräumen und von ihren positiven Auswirkungen zu profitieren.

→ Ungeduld und Erwartungen

Möglicherweise geht es dir auch nicht schnell genug. Du hast vielleicht doch unbewusst eine gewisse Erwartungshaltung an deine Praxis geknüpft und kommst nach ein paar Malen zu dem Entschluss, dass das Ganze doch eh nichts bringt und du genauso zerstreut und gestresst bist, wie sonst. Gerade, wenn man sich um seinen „Erlös" betrogen fühlt, kann es schwer sein, eine offene und wohlwollende Haltung beizubehalten. Nicht selten neigen wir dazu, dann wahlweise die Aktivität zu beschimpfen „Dieser dumme Eso-Kram! War doch klar, dass da nichts Gescheites bei herumkommen kann!" oder wir greifen uns selbst an: „Na prima, alle aus meinem MBSR-Kurs berichten von ihren tollen Erfahrungen und ich fühle mich immer noch wie ein hyperaktives Eichhorn auf 10 Tassen Espresso. Typisch, dass ich das mal wieder nicht hinbekomme. Bei mir funktioniert es wieder nicht."

In diesem Fall lohnt ein Perspektivenwechsel. Es gibt nicht das eine Ideal, was uns unsere Aufmerksamkeitspraxis bescheren soll. Ja, vielleicht fällt dir die Sitzmeditation immer noch schwer. Aber ist dir mal aufgefallen, dass du beim Autofahren viel ruhiger bist und innerlich erst mal kurz innehältst, bevor du reagierst? Dass du deiner Tochter wirklich aufmerksam zuhören kannst, ohne dass der Blick zum Handy oder auf die Uhr wandert? Und dass du neulich ein paar Rückenübungen eingelegt hast, bevor (!) sich der erste Schmerz breitgemacht hat – einfach, weil du besser hingespürt hast und bewusster mit dir umgegangen bist?

Versuche bitte, dich nicht auf irgendein Ziel zu versteifen oder dich mit anderen zu vergleichen, sondern betrachte deine Aufmerksamkeitspraxis als etwas höchst Persönliches, dass nur für dich da ist und auch nur für dich gilt.

→ Widerstand von außen

Ein weiterer Grund, warum Menschen mit dem Aufbau und Einhalten einer Routine hadern können, ist Widerstand von außen. Gab es bei der Arbeit ein paar abfällige Kommentare, wie pseudoentspannt du jetzt seist? Oder mosert dein Liebster, dass er sich hintenangestellt fühlt oder keine Zeit hat, die Kinder zu hüten? Verdreht deine beste Freundin die Augen aufgrund dieses „Hippie-Krams für Mönche und Bäume-Umarmer"?

Als soziale Wesen wollen wir von denen, die unsere Bezugspunkte bilden, angenommen werden; teils sogar von denen, die wir gar nicht so sympathisch finden, einfach weil sie zu einer für uns wichtigen Gruppe gehören, etwa bei der Arbeit oder im Verein, und wir ihnen dort nicht aus dem Weg gehen können. Wir möchten nicht belächelt werden, ein Teil der Gruppe sein und akzeptiert werden. Und gerade bei denen, die wir lieben, wollen wir, dass sie gut finden, was wir machen. Werten sie das ab, was wir tun, kann dies dazu führen, dass wir uns auch innerlich distanzieren. Zwar halten wir rational daran fest, denn wir sind ja überzeugt, dass es uns guttut und wir das machen wollen – aber innerlich treten wir längst einen Schritt zurück und begeben uns wieder mehr auf die Seite unserer Liebsten, stellen so Nähe her und beugen Konflikten vor. Vielleicht ziehen wir es auch mit ins Lächerliche, machen ebenfalls Sprüche oder gehen auf Angebote ein, die uns vom Praktizieren abhalten.

Überlege einmal: Was hält dich davon ab, eine Achtsamkeitsroutine in deinen Alltag einzubauen? Fühlst du dich schuldig, wenn du dir Zeit für dich nimmst? Hast du spöttische Bemerkungen anhören müssen und spricht sich dein Umfeld offen gegen diese Praxis aus?

Wichtig ist auch, sich immer wieder klarzumachen, dass die Achtsamkeitspraxis etwas ist, das nicht einfach an- und ausschaltbar ist. Nicht umsonst spricht Kabat-Zinn davon, dass es eine Art des Seins ist. Genau wie du immer im Prozess der Wandlung bist, wird sich auch deine Achtsamkeitspraxis mit der Zeit wandeln oder mal leichter, mal schwerer in deinen Alltag zu integrieren sein.

→ Innerer Widerstand und Krisen

Insbesondere in den Situationen, in denen wir eine achtsame Einstellung besonders dringend brauchen, neigen wir dazu, von unserer Praxis zurückzutreten. Weil uns vermeintlich die Zeit, die Kraft fehlt, uns die Dinge über den Kopf wachsen, etwa in einer Prüfungsphase, inmitten eines Umzuges, während einer Trennung oder auch in der stressigen Vorweihnachtszeit, wenn eine Verpflichtung die nächste jagt.

Allzu leicht fallen wir dann in alte Verhaltensmuster zurück. Wir versuchen uns wider besseren Wissens im Multitasking, erledigen Sachen nebenbei, halsen uns viel zu viele Aufgaben auf, erledigen alles im Alleingang, nehmen uns keine Zeit zum bewussten Essen, vernachlässigen unsere Atmung und Pausen sowie wertvolle Ausgleichstechniken wie Meditation oder Yoga.

Aber genau in solchen herausfordernden Situationen ist es wichtig, sich immer wieder sanft daran zu erinnern, warum Achtsamkeit für uns wichtig ist. Was wäre ein guter Umgang mit unachtsamen Momenten? Vielleicht bemerkst du, dass du von dir selbst enttäuscht bist, du wütend wirst, du denkst, das würde doch sowieso alles keinen Sinn machen, du dir selbst Vorwürfe machst und sich altbekannte Begleiter vom Stress (wie Magenschmerzen, Schlaflosigkeit und Kopfschmerzen) schon längst wieder in dein Leben geschmuggelt haben.

Je länger du Achtsamkeit übst, desto leichter wird es dir fallen, deine individuellen Grenzen zu erkennen, auch in besonders anstrengenden Phasen deines Lebens. In diesen verschiebt sich die übliche Belastbarkeitsgrenze nämlich sehr leicht. Du kennst das sicherlich. Eine Diskussion mit dem Kind, die dir sonst routiniert gelingt, kann in einer Stressphase, in der Rückenschmerzen, Differenzen mit der Kollegin und Probleme mit der Steuer zusammenkommen, leicht dazu führen, dass die Nerven blank liegen.

Jetzt kannst du bewusst darauf achten, wann und wie du in solchen Situationen reagierst und an den Stellschrauben drehen, bevor es zu einem Überschreiten deiner Grenzen kommt. Sicher, wir können nicht die Welt in ihrem hektischen Treiben beeinflussen oder die Zeit anhalten. Aber wir können immer wieder bewusst innerlich einen Schritt zurückgehen, uns aufrichten, drei bewusste Atemzüge nehmen und uns daran erinnern, dass wir Werkzeuge an der Hand haben, die wir in allen Lebenslagen nutzen können – auch und gerade in den besonders herausfordernden.

Gib dir selbst die Erlaubnis, immer wieder eine Rückkehr zur Achtsamkeitspraxis als Option zuzulassen - auch bei schweren Hindernissen auf dem Weg oder wenn du eine ganze Weile schon nichts mehr in die Richtung gemacht hast. Du darfst dir auch in schweren Momenten liebevolle Zuwendung schenken und selbst wenn deine Kraft nicht für große Übungsreihen ausreicht, kannst du mit wenigen Bewusstseinsmomenten im Alltag schon wieder ganz viel für dich und deine innere Ruhe tun.

→ Nötige Flexibilität in der Praxis schaffen

Auch wenn es zu Hindernissen in deiner direkten Achtsamkeitspraxis kommt und du beispielsweise bei der Meditation plötzlich keine fünf Minuten mehr ruhig sitzen kannst wie ganz zu Beginn deiner Reise, lohnt es sich, zu schauen, was der Grund für diese Veränderung sein kann: Bist du überlastet? Bist du stark angespannt? Hast du genug getrunken? Gibt es ungeklärte Konflikte? Hast du Schmerzen? Gibt es irgendwo Grenzen, die du überschritten hast?

Deine Praxis sollte zwar absichtsvoll sein, aber frei von dem Anspruch, dass es jetzt jeden Tag so und so abzulaufen hat. Auch dieser Teil in deinem Leben unterliegt Schwankungen, genau wie der Rest. An manchen Tagen gelingen dir deine Übungen wie von selbst, an anderen mag es sich ziehen oder dir das Gefühl geben, du wärst ein totaler Anfänger. Aber erinnerst du dich? Die Perspektive eines Anfängers kann dir die Möglichkeit geben, jede Praxis mit frischem Blick zu betrachten, fernab von Erwartungen und Druck. Du kannst die Dinge auf dich zukommen lassen, dich den Übungen hingeben, in dem Vertrauen, dass es langfristig gut für dich ist.

Das bedeutet aber nicht, dass jeder Übungstag nach Schema F ablaufen sollte, vollkommen unabhängig davon, wie du dich fühlst oder in welcher Verfassung du bist.

Denn, obwohl es bei der Praxis der Achtsamkeit darum geht, anzunehmen, was ist, ist damit nicht gemeint, dass du Bedürfnisse oder Gefühle negierst.

Wenn du unter starker Anspannung stehst oder dich Ängste belasten, kann eine klassische Sitzmeditation vielleicht in diesem Moment nicht das Richtige sein, weil sich deine innere Unruhe nur verstärkt. Versuche in diesen Momenten einfach mal, eine Geh-Meditation auszuprobieren.

Kabat-Zinn beschreibt in seinem Buch *Full Catastrophe Living*, wie sich Patienten aus seinem Center zunächst nicht auf den klassischen Body-Scan einlassen konnten, weil Angst, Unruhe oder Schmerzen dann zu überwältigend wurden. Obwohl es natürlich klasse ist, wenn du erst mal etwas testest, ob es nicht doch geht und du mit liebevoller Achtsamkeit auch diese Emotionen und Empfindungen annehmen kannst, gibt es Grenzen, die du respektieren solltest.

Kabat-Zinn berichtet, dass diese Leute dann mit einer aktiveren Form der Achtsamkeit eingestiegen sind, etwa die Geh-Meditation statt der Sitz-Meditation genutzt oder sich zunächst über die Yoga-Übungen angenähert haben.

Denke immer daran, dass du in deiner Praxis frei bist und auch auf deine Tagesform eingehen solltest. Ja, eine gewisse Konstanz ist sehr wichtig, aber du kannst die Elemente, die du für deine Achtsamkeitspraxis einsetzt, ja nach individueller Verfassung bewusst auswählen und einsetzen. Auch das ist Achtsamkeit.

Abschluss und Ausblick

Du bist am Ende dieses Buches angekommen und kannst nun bestens vorbereitet zu deiner Achtsamkeitsreise aufbrechen. In den vorangegangenen Kapiteln hast du erfahren, was Achtsamkeit denn nun eigentlich ist, wie sie vermittelt wird, was es mit den sieben Säulen auf sich hat, wie sich Achtsamkeit auf Körper und Geist auswirken kann und wo ihre Grenzen liegen. Zudem hast du verschiedenste Techniken, Methoden und Ideen an die Hand bekommen, die du im achtsamen Umgang mit dir selbst, mit deinen Liebsten, bei der Arbeit oder im Alltag einsetzen kannst.

Vielleicht hast du schon Stück für Stück einiges ausprobiert und neue Erfahrungen machen dürfen. Deshalb bist du herzlich eingeladen, den Fragebogen aus dem Kapitel „Kurze Bestandsaufnahme: Wie achtsam bin ich" noch einmal auszufüllen:

- Machst du oft mehrere Dinge gleichzeitig?
- Fühlst du dich unter Druck und gehetzt beim Erledigen der Dinge?
- Funktionierst du oft auf Autopilot?
- Hast du sehr hohe Ansprüche an dich und dein Tun und bemerkst einen gewissen Perfektionismus?
- Bist du in Gedanken schon bei dem nächsten Punkt auf deiner To-do-Liste, während du eine Aktivität ausführst?
- Kannst du eine Arbeit ohne Unterbrechungen zu Ende bringen oder wanderst du immer wieder gedanklich ab, stehst auf, machst etwas anderes?

- Wirst du unruhig, wenn du zum Warten oder anderweitig zur Untätigkeit gezwungen wirst, etwa bei Krankheit?
- Kannst und darfst du nichts tun?
- Wann hast du das letzte Mal innegehalten oder einfach nur geträumt?
- Wann bist du das letzte Mal ganz in etwas versunken, etwa der Betrachtung einer schönen Blume oder des Sternenhimmels in einer klaren Nacht?
- Kannst du dich gut auf ein Gespräch mit einem anderen Menschen einlassen oder wandert deine Aufmerksamkeit zum Handy oder zum Gespräch am Nachbartisch?
- Weißt du, was dir deine Kinder heute beim Frühstück erzählt haben?
- Fühlst du dich schuldig, weil du deine Kontakte manchmal einfach nur noch als weiteren Punkt auf deiner To-do-Liste empfindest und diese schnell mal abarbeitest, wenn du die Zeit findest?
- Isst du nebenbei oder immer nur zwischendurch einen schnellen Happen?
- Bereitest du deine Speise appetitlich zu und setzt du dich zum Essen hin?
- Lenkst du dich viel von deinen eigentlichen Tätigkeiten ab, etwa durchs Scrollen am Handy oder durch Fernsehen?
- Bemerkst du Hunger, Durst oder Müdigkeit und wenn ja, reagierst du darauf?
- Legst du Pausen ein? Bemerkst du, wann und wie du dir diese Pausen gönnen solltest?
- Nutzt du zum Abschalten „Hilfsmittel" wie Genussgifte, Süßigkeiten, Einkaufen?
- Verbringst du deine Freizeit viel passiv vor Bildschirmen?

Wie haben sich deine Antworten gegenüber dem Anfang deiner Reise verändert?

Vielleicht magst du den Bogen nach einigen Wochen Praxis erneut hervorholen, um zu sehen, wo sich etwas in deinem Leben geändert hat, und um Revue passieren zu lassen.

So siehst du nicht nur, was du bisher schon verändert hast, sondern dir fällt möglicherweise auch auf, welche Strategien und Techniken gut für dich funktionieren, in welchen Momenten du noch achtsamer mit dir umgehen darfst und was wichtig und hilfreich für dich ist, um deine Reise fortzuführen.

Wichtig ist bei einem so umfassenden Konzept wie der Achtsamkeit nämlich, dass du einerseits die nötige Ausdauer und Hartnäckigkeit aufbringst, andererseits aber auch akzeptierst, dass sich nichts erzwingen lässt.

Diese Akzeptanz, das Vertrauen, das Loslassen dürfen in dir reifen und dich auf deinem Weg begleiten, der keineswegs so aussehen muss, wie der einer anderen Person. Es geht darum, Achtsamkeit in deinem eigenen Tempo in dein Leben zu integrieren und zwar auch in deinem Stil. Dabei hilft dir zum einen das bewusste Reflektieren des eigenen Weges, zum anderen kannst du auch mit positiven Ausblickstechniken arbeiten. Vielleicht magst du dir eine Glückszukunft-Collage anfertigen oder ein Vision Board, das auf einen Blick alles repräsentiert, was für dich zu einem Leben in Achtsamkeit gehört. Dies kannst du als visuelle Erinnerung nutzen und auch als Motivations-Kick, wenn du mal ausgebremst werden solltest.

Es geht darum, das umzusetzen, was dir wirklich im Alltag hilft, auch langfristig Motivation aufrechtzuerhalten, dein Warum für eine achtsame Einstellung immer wieder nach vorne zu holen. So stärkst du immer mehr dein Vertrauen in dich, dein Bauchgefühl, das eigene Wissen und das Leben, kannst dauerhaft neue Gewohnheiten etablieren und alte, unnötig gewordene Verhaltens- und Gedankenmuster ablegen.

Wichtig dabei ist immer: Du bist der Experte für dich selbst! Die Übungen und Ideen dienen deiner Inspirationen, aber du hast es frei in der Hand, wie du sie in deinen Alltag integrieren und wie du deine Achtsamkeitspraxis für dich persönlich gestalten möchtest.

Erfreue dich daran, wenn du vieles bereits entschleunigt hast und dir mehr Zeit nehmen kannst, um im Moment zu sein und ihn voll auszukosten! Zelebriere, wenn du spürst, dass da ein Mehr an Verbindung zu dir selbst und deinen Bedürfnissen ist, dass du ganz bei der Sache bist, wenn du etwas machst und spüre, wie sehr Aufmerksamkeit und Liebe in alle Bereiche deines Lebens ausstrahlen!

Kultivierst du die Achtsamkeit dauerhaft in deinem Leben, planst und verbringst du deine Zeit bewusster und kannst Erlebnisse, Emotionen und Begegnungen voll auskosten, die Signale deines Körpers besser deuten und gelassener und liebevoller mit dir und deinen Mitmenschen umgehen.

Freue dich auf diese Zukunft, auf ein intensives, vollmundiges Leben, das du mit allen Sinnen in Achtsamkeit auskosten darfst!

Viel Freude!

Geschenk #1 - Zitatesammlung

Vielen Dank noch einmal für den Erwerb dieses Buches. Als zusätzliches Dankeschön erhältst du von mir **zwei E-Books**, als Bonus, und völlig gratis.

Das erste Bonusheft beinhaltet eine Sammlung an schönen, motivierenden und Mut machenden kleinen Geschichten und Zitaten, die dich auf deinem täglichen Weg zu einem erfüllten Leben begleiten können. Finde darin deine Lieblingszitate, die du dir immer wieder als kleine Erinnerungen, Richtungsweiser und Mutmacher zur Hand nehmen kannst.

Du kannst das Bonusheft folgendermaßen erhalten:

Öffne ein Browserfenster auf deinem Computer oder Smartphone und gib Folgendes ein:

stefanielorenz.com/bonus1

Du wirst dann automatisch auf die Download-Seite weitergeleitet.

Bitte beachte, dass dieses Bonusheft nur für eine begrenzte Zeit zum Download zur Verfügung steht.

Alternativ kannst du auch diesen QR-Code einscannen:

Geschenk #2 - Entspannung im Alltag

In diesem zweiten Bonusheft findest du verschiedene Entspannungsmethoden, Meditationsideen und Affirmationen, die dich darin unterstützen können, wieder zu dir selbst zu finden. Mit diesen Methoden kannst du neue Kraft tanken, dich auf deine eigenen Stärken besinnen und aus dem Hamsterrad deiner Gedanken und den Anforderungen von außen aussteigen.

Öffne ein Browserfenster auf deinem Computer oder Smartphone und gib Folgendes ein:

stefanielorenz.com/bonus2

Du wirst dann automatisch auf die Download-Seite weitergeleitet.

Bitte beachte, dass dieses Bonusheft nur für eine begrenzte Zeit zum Download zur Verfügung steht.

Alternativ kannst du auch diesen QR-Code einscannen:

Eine kleine Bitte

Liebe Leserin,

lieber Leser,

nun sind wir am Ende dieses Buches angelangt. Ich hoffe sehr, dass ich dir weiterhelfen und positive Veränderungen in dein Leben bringen konnte.

Als Autorin ist es mir sehr wichtig, Bücher zu schreiben, die Menschen wirklich helfen. Konstruktives Feedback meiner Leserinnen und Leser hilft mir am meisten dabei meine Werke immer weiter zu verbessern.

Falls du mir also persönliches Feedback oder Verbesserungsvorschläge zum Inhalt geben möchtest, dann schreibe mir gerne unter info@stefanielorenz.com. Ich freue mich über jede E-Mail und werde zeitnah antworten.

Für den Fall, dass dir mein Buch wirklich geholfen hat und du sonst keine Fragen hast, dann würde ich mich freuen, wenn du eine positive Rezension für mein Buch auf Amazon hinterlassen kannst. Es dauert wirklich nur wenige Sekunden und du hilfst anderen Menschen und mir ungemein.

Ich weiß all deine Liebe und Unterstützung wirklich zu schätzen.

Falls noch Fragen offen sind, einfach bei mir melden!

Stefanie

Quellen und weiterführende Literatur

Baader, S. (2018). *Die 7 Aspekte im Üben der Achtsamkeit – #1 Nicht-Urteilen*. My happy Sunshine. https://myhappysunshine.de/7-aspekte-im-ueben-der-achtsamkeit-nicht-urteilen

Barnhofer, T., & Born, H. (2011). *Achtsamkeitsbasierte kognitive Therapie bei affektiven Störungen: Ein vielversprechendes Verfahren*. Deutsches Ärzteblatt. https://www.aerzteblatt.de/archiv/80739/Achtsamkeitsbasierte-kognitive-Therapie-bei-affektiven-Stoerungen-Ein-vielversprechendes-Verfahren

Collard, P. (2016). *Das kleine Buch vom achtsamen Leben: 10 Minuten am Tag für weniger Stress und mehr Gelassenheit*. Heyne Verlag.

Grossman, P., Niemann, L., Schmidt, S., & Walach, H. (2004). Mindfulness-based stress reduction and health benefits. *Journal of Psychosomatic Research, 57*(1), 35–43. https://doi.org/10.1016/s0022-3999(03)00573-7

Gu, J., Strauss, C., Bond, R., & Cavanagh, K. (2015). How do mindfulness-based cognitive therapy and mindfulness-based stress reduction improve mental health and wellbeing? A systematic review and meta-analysis of mediation studies. *Clinical Psychology Review, 37*, 1–12. https://doi.org/10.1016/j.cpr.2015.01.006

Guendelman, S., Medeiros, S., & Rampes, H. (2017). Mindfulness and Emotion Regulation: Insights from Neurobiological, Psychological, and Clinical Studies. *Frontiers in Psychology, 8.* https://doi.org/10.3389/fpsyg.2017.00220

Hanh, T. N., & Mai, V. (1999). *The Miracle of Mindfulness: An Introduction to the Practice of Meditation.* Beacon Press.

Holdau, F. (2017). *Achtsamkeit: Die besten Übungen und Meditationen für mehr Gelassenheit und Lebensfreude.* Graefe und Unzer Verlag.

Hudasch, G. (2021). *Achtsamkeit mit MBSR.* MBSR-MBCT Verband e. V. https://www.mbsr-verband.de/achtsamkeit/mbsr

Hudasch, G. (2021). *Forschung.* MBSR-MBCT Verband e. V. https://www.mbsr-verband.de/achtsamkeit/forschung

Jellouschek, H. (2018). *Achtsamkeit in der Partnerschaft: Was dem Zusammenleben Tiefe gibt.* Herder Verlag GmbH.

Kabat-Zinn, J. (2005). *Wherever You Go, There You Are: Mindfulness Meditation in Everyday Life.* Hachette Books.

Kabat-Zinn, J. (2013). *Achtsamkeit für Anfänger.* Arbor Verlag.

Kabat-Zinn, J., & Hanh, T. N. (2013). *Full Catastrophe Living: Using the Wisdom of Your Body and Mind to Face Stress, Pain, and Illness.* Bantam.

Keng, S. L., Smoski, M. J., & Robins, C. J. (2011). Effects of mindfulness on psychological health: A review of empirical studies. *Clinical Psychology Review, 31*(6), 1041–1056. https://doi.org/10.1016/j.cpr.2011.04.006

Kinder, W. (2019). *Achtsamkeit: Fantasievolle Übungen, die Kindern Ruhe schenken.* Dorling Kindersley Verlag.

Kirch, D. (2020). *Achtsame Mittagspause: Mehr Achtsamkeit im Arbeitsalltag*. Doris Kirch. https://doriskirch.de/achtsame-mittagspause/

Kirch, D. (2021). *Achtsamkeit und buddhistische psychologie*. DFME Deutsches Fachzentrum für Achtsamkeit. https://doriskirch.de/

Kirch, D. (2021). *Die Haltungen der Achtsamkeit*. Doris Kirch. https://doriskirch.de/haltungen-der-achtsamkeit/

Kotsou, I. (2013). *Das kleine Übungsheft - Achtsamkeit*. Trinity.

Sevinc, G., Hölzel, B. K., Greenberg, J., Gard, T., Brunsch, V., Hashmi, J. A., Vangel, M., Orr, S. P., Milad, M. R., & Lazar, S. W. (2019). Strengthened Hippocampal Circuits Underlie Enhanced Retrieval of Extinguished Fear Memories Following Mindfulness Training. *Biological Psychiatry, 86*(9), 693–702. https://doi.org/10.1016/j.biopsych.2019.05.017

Siegel, D. (2020). *Aware: The Science and Practice of Presence--The Groundbreaking Meditation Practice*. TarcherPerigee.

Sockolov, M. (2018). *Practicing Mindfulness: 75 Essential Meditations to Reduce Stress, Improve Mental Health, and Find Peace in the Everyday*. Althea Press.

Teasdale, J., Williams, M., Segal, Z., V., & Kabat-Zinn, J. (2014). *The Mindful Way Workbook: An 8-Week Program to Free Yourself from Depression and Emotional Distress*. The Guilford Press.

Warkus, I. (2021). *365 Wege zur Achtsamkeit: Wertvolle Tipps für mehr Gelassenheit und Lebensfreude*. Naumann und Goebel.

Wilker, J. (2009). *Das Einmaleins der Achtsamkeit: Vom täglichen Umgang mit alltäglichen Gefühlen*. Theseus Verlag.

Williams, M., & Penman, D. (2015). *Das Achtsamkeitstraining: 20 Minuten täglich, die Ihr Leben verändern*. Goldmann Verlag.

www.ingramcontent.com/pod-product-compliance
Lightning Source LLC
Chambersburg PA
CBHW071247070526
44583CB00017B/2369